[...]SEIGNEMENT MIXTE.

LEXICOLÉGIE

OU

DIFFICULTÉS DE LA LECTURE,

classées, graduées, expliquées,

Complément nécessaire, indispensable,

A TOUTE MÉTHODE DE LECTURE,

et particulièrement

A LA MÉTHODE DE PEIGNÉ,

Par François GIRARD, Instituteur,

Ancien Élève de l'École Normale des Deux-Sèvres.

SE TROUVE :

Chez les principaux Libraires du département.

ENSEIGNEMENT MIXTE.

LEXICOLÉGIE

OU

DIFFICULTÉS DE LA LECTURE,

classées, graduées, expliquées,

Complément nécessaire, indispensable,

À TOUTE MÉTHODE DE LECTURE,

et particulièrement

À LA MÉTHODE DE PEIGNÉ,

Par François GIRARD, Instituteur,

Ancien Élève de l'École Normale des Deux-Sèvres.

Saint-Maixent,

IMPRIMERIE DE REVERSÉ.

1855

Chaque exemplaire porte la signature de l'auteur.

PRÉFACE.

L'expérience que j'ai acquise dans l'enseignement de la *Lecture,* m'autorise à croire que de toutes les nouvelles méthodes de lecture qui existent en si grand nombre aujourd'hui, depuis celle de *Peigné* jusqu'à celles de *Bahic* et de *Michel,* deux des dernières publiées, il n'en est pas une seule, qui, parcourue même sous la direction du maître le plus habile, mette l'élève, si intelligent qu'il soit, en état de pouvoir lire à *livre ouvert,* c'est-à-dire lire *couramment* le premier morceau de lecture venu. Je crois, dis-je; si je ne craignais de passer pour présomptueux, je ferai plus, je dirai qu'à cet égard je suis profondément convaincu.

La méthode de Peigné, la plus répandue encore, est celle que j'ai continuellement fait suivre, et je crois avoir une assez juste idée de la valeur de cette méthode : Or, *la* prenant pour terme de comparaison, j'ai pu, sans les expérimenter, *estimer,* par un simple examen, chacune des autres (les principales du moins), que je me suis procurées ou que l'on m'a procurées.

Telle méthode relativement à telle autre m'a, il est vrai, présenté du bon : Celle-ci, par exemple, m'a paru préférable à celle-là sous le rapport de la classification des difficultés...; mais toutes, à mon avis, pèchent par le même côté, en deux points essentiels : *exercices trop peu étendus* sur quelques difficultés importantes, d'une part; de l'autre, *omission* de certaines difficultés ou de certaines des différentes formes sous lesquelles peut se présenter telle difficulté.

Les auteurs semblent avoir à l'envi cherché de plus en plus à restreindre le cadre de leurs méthodes, visant sans doute à économiser du temps ou à encourager l'élève par la perspective d'un petit nombre de tableaux *à passer pour être dans les livres* (selon le dire des enfants). L'idée est bonne; mais il est une chose qu'il ne faut pas perdre de vue: c'est que l'enfant *routine* et finit d'apprendre à lire avec *perte de temps*, dans le livre de lecture courante, quel qu'il soit, qu'on lui met entre les mains, au sortir d'une méthode trop abrégée et présentant des lacunes.

Il ne peut en être autrement; car, dans la lecture courante, les difficultés que l'enfant n'a pu aborder dans la méthode, parce que la méthode les a passées sous silence, l'arrêtent tout court bien longtemps; celles qu'il n'a pu faire qu'ébaucher, continuent de l'embarrasser; or, malgré toutes les explications que peut donner le maître, comme ces difficultés se présentent maintenant *pêle-mêle* et de *loin en loin*, l'enfant forcément finit d'apprendre à lire par *routine :* Ce n'est qu'à force de retrouver les mêmes mots qu'il est parvenu à les lire, et encore comment les lit-il?... il les a tant de fois vus et on les lui a prononcés tant de fois qu'il a fini par les reconnaître à leur forme, à leur forme seulement, dans leur tout, mais non dans leurs éléments.

Donc, laissant telles qu'elles sont les méthodes de lecture qui existent, il faut, selon moi, au sortir de l'une quelconque d'entre elles, mettre entre les mains de l'élève, pour le conduire promptement et avec succès à la lecture à livre ouvert, non pas un de ces nombreux petits livres d'historiettes, mais un ouvrage *intermédiaire*, *complémentaire*, où les difficultés matérielles de la lecture soient encore rigoureusement classées, graduées, et présentées dans des phrases courtes, variées, attrayantes, ayant un sens facile à saisir.

Un vif désir de faciliter l'enseignement de la lecture, si pénible et si fastidieux à la fois, m'a fait prendre assez de patience pour arriver à produire un travail de ce genre, tel que je le conçois, et m'a donné assez de hardiesse pour publier cet ouvrage dont le plan est entièrement neuf.

Je crois fermement avoir atteint le but que je me suis proposé : Je suis persuadé, j'ose le dire, qu'en faisant soigneusement suivre mes exercices à nos élèves sortis de la méthode, nous ne manquerons pas de les mettre promptement à même de lire couramment, de défricher immédiatement tous les mots qui se présenteront dans une lecture quelconque.

J'espère bien que les instituteurs, ainsi que les insitutrices, ne dédaigneront pas d'expérimenter l'ouvrage d'un confrère; j'aime à croire même que, mettant de côté tout amour-propre, ils lui accorderaient, dans tous les cas, la préférence sur tout autre sortant d'une main *étrangère*.

Je me dispense d'exposer ici la disposition de mon travail : Comme tout lecteur expérimenté dans l'art d'enseigner à lire peut facilement s'en faire une idée nette pour peu qu'il veuille bien jeter les yeux sur le texte, ce serait superflu. Pourtant il ne me semble pas inutile d'appeler d'avance toute l'attention du lecteur sur certains points importants qui pourraient bien lui échapper dans un léger examen, et que voici :

1° Tous les cas de difficultés, sous toutes leurs formes, que présentent les *sons* et *articulations bigrammes*, les lettres *nulles* et les lettres à *valeur exceptionnelle*, ont été soigneusement appliqués.

2° Ont été employés un très-grand nombre de mots différents

dans lequel dominent les plus usuels : Cela seul suffirait pour donner à mon travail un avantage immense sur tout ouvrage d'historiettes, mis entre les mains de l'enfant, à sa sortie de la méthode.

3° Chaque exercice, tout en roulant d'une manière particulière sur une difficulté nouvelle, peut être considéré comme une récapitulation générale de toutes celles qui ont été vues jusque-là, de sorte que les deux ou trois récapitulations spéciales qu'il y a ne sont que d'une importance secondaire.

4° Enfin, les règles qui sont consignées à la fin de l'ouvrage sont à l'usage du maître, qui pourra y puiser les explications qu'il jugera convenable de donner pendant la leçon.

LEXICOLÉGIE

DIFFICULTÉS DE LA LECTURE,

classées, graduées, expliquées.

AVIS.

— Passé le 17me tableau de la méthode de Peigné, on pourra mettre la *Lexicolégie* entre les mains des élèves et les exercer de temps à autre dans le 1er chapitre et même dans les sons bigrammes ordinaires, jusqu'à ce qu'ils soient arrivés au 27me tableau, où à proprement parler la méthode se termine, et où ils devront l'abandonner pour ne lire exclusivement que dans la *Lexicolégie*.

— En parcourant une première fois la *Lexicolégie*, passer tout le temps de la leçon sur le même exercice (s'il roule, toutefois, sur une difficulté nouvelle), et procéder de la manière suivante :

Commencer par faire lire à chaque élève de la section ou du groupe la *substance* de l'exercice. (J'appelle ici substance les sons, syllabes ou mots détachés qui figurent en tête des exercices).

Puis faire lire à chaque élève son verset.

Si, l'exercice étant parcouru une fois, la leçon doit durer encore, le faire parcourir de nouveau, mais de manière que chaque élève lise un verset autre que celui qu'il a lu la première fois; ainsi de suite.

CHAPITRE PREMIER.

EXERCICES SUR LES SYLLABES SIMPLES (1), — SUR LES LETTRES Y, Œ, X, K, — SUR LES DIPHTHONGUES.

(Introduction).

1er *Exercice.*

1. La prune mûrira; madame a bu du râpé; la salade du dîné.

2. L'élève sera puni; Victor a sali sa cravate; la culture du sol.

3. Anatole sortira par la

(1) J'appelle ici syllabes simples, les syllabes dans lesquelles il n'entre ni son, ni articulation bigramme, ni son composé, ni lettres nulles, ni lettres à valeur exceptionnelle.

porte; la fête sera mardi; du sucre sur la crêpe.

4. Le père d'Emile; Justine a regardé; le costume du prêtre.

5. La carpe va frire; la robe du curé; l'arbre brûlera.

6. Abolir la torture; il a absorbé sa fortune; la bride de ta mule.

7. Une juste sévérité; le baromètre portatif; la cocarde tricolore.

8. Une larme de ma mère; le livre de l'école, le canif de Victor.

9. La table de marbre; une gravure admirable; il a été écartelé.

10. Sortir de la cabane ; le navire se retire de la côte ; la dureté du métal.

2me *Exercice.*

11. Le culte de la divinité ; dormir sur le canapé ; il a réprimé la révolte.

12. Le sabre du caporal ; la pipe de papa ; la tête de Médor.

13. L'âne du pâtre ; la porte du local ; le parasol de Jacob.

14. Le caractère de Sara ; Agar finira sa bordure ; Anatole fera la culbute.

15. Le stère égale le mètre cube ; le tigre a dévoré le

castor; le problême soluble.

16. Le mastic de la vitre; Victor va revenir; la probité de madame Pascal.

17. Le vil animal m'a mordu; Azor a avalé de l'arsenic; la lézarde du mur.

18. Revenir à la dictature; il a salé la sardine; l'animal carnivore.

19. Il a délivré le captif; la prospérité de l'agriculture; l'éclipse de lune.

20. Le lustre de ta robe; l'ordre public; l'oracle prédira; Brutus a frémi.

3me *Exercice* (1).

y - œ - x - k

i é cs c

ty - fœ - xi - ka

21. Le périmètre du polygone; la taxe de la farine; l'œdème a crevé.

22. Le style sublime; il a bu du café moka; Félix ira à Vitry.

23. Le martyr calviniste; une fête fixe; OEdipe a pénétré le mystère.

24. Lévy portera l'uniforme; une maxime sévère; l'uniformité du système.

(1) J'ai cru devoir, avant d'aborder les difficultés, exercer particulièrement l'élève sur ces quatre lettres, en vue de la méthode de Peigné, qui les emploie trop tard et qui en parle trop à la légère. Ces signes auraient dû être mis au rang des autres.

25. Il partira de Kiva ; le sycomore, sorte d'érable ; René a vu la pyramide.

26. Rémy a bu l'élixir ; le degré du pyromètre ; une figure oxygone.

27. La proximité de l'école ; du platine oxydulé ; l'œnomètre d'Alix.

28. La forme du fœtus ; madame de Valmy ; le demi-kilo.

4me *Exercice.*

ia - iè - io - ui - ué - ua

fia - miè - rio - tui - lué - rua

29. Une forte fièvre ; du suif avarié ; une fiole de vitriol.

30. Il a pitié de lui; détruire l'animal; Rémy a tué le lièvre.

31. Une lanière de cuir; Lévi remua la litière; l'amitié d'une mère.

32. La tiare du pape; le local agréable; le jury se réunira.

33. La bariolure du costume; la dorure de la tabatière; Caroline a la pituite.

34. La petite salière; du ratafia sucré; la pâte va cuire.

35. La lumière de l'astre; Justine sera altière; de l'alcool falsifié.

36. Porte de la bière à la cave; le fiacre partira à la mi-

nute; une truite de la rivière.

37. Dupuy fera diète; Zoé sera discrète; d'une manière joviale.

38. Victorine a salué madame; une maladie griève; la portière s'écria.

5me *Exercice*.

39. Devenir myope; la clarté de la lune; le piano de Zoé.

40. L'étui de Léopol*d*; la lyre de David; la fixité de l'or.

41. Le météore luira; Lévi obéira ; le remède laxatif.

42. De l'écriture bâtarde ; David sera le marié mardi ; le patriotisme du soldat.

43. L'obscurité de la nui*t*; le kilolitre de bière; la fluidité de l'alcool.

44. Caroline a tricoté; Jules va à l'école gratuite; le poète a déclamé.

45. Une posture ridicule; la sépulture du cardinal; prête ta sablière à Victor.

46. Victorine a retordu le fil; Léopol*d* ira à la rivière; Adèle a vu une petite bête sur sa robe.

47. Madame se lèvera à midi; Jule*s* a tiré la corde; ma mère a de la pâte de jujube.

48. Aristide fera sa prière; Léoni*e* sera fière de sa robe;

Lévi a-t-il lu l'épître?

49. Le diamètre du globe; Jules a tué la petite bête; Diane a levé le lièvre.

50. Julie a juré d'obéir à sa mère; samedi le blé sera taxé; Ludovic a vérifié le problême de Félix.

CHAPITRE II.

SONS ET ARTICULATIONS BIGRAMMES.

(1re classe de difficultés).

SONS BIGRAMMES ORDINAIRES.

6me *Exercice.*

on - ou - oi - an - un - eu - in

ton-dou-roi-pan-cun-jeu-fin

1. Antoine a vu l'étoile filante; Alix a vu l'étoile du matin; la moitié de douze.

2. La moitié de onze; la route de Loudun; il a vu le pinson tarin.

3. Le joli pantalon de nankin ; Maximin récoltera de bon vin ; il a tué le lapin.

4. L'axe du monde ; ma tante défunte ; la meule du moulin.

5. La route conduira à Angoulême ; à moi la victoire ! on fera de la soupe.

6. Va courir sur la route ; Retire-toi du jardin ; la poule a pondu.

7. La voiture roule sur la route ; voilà la demeure du curé ; papa a une tabatière neuve.

8. Ma tante a été malade ; Antonin a une cravate de satin ; Lévi a obéi à son père.

9. La co mète a paru lundi; la cane pondra mardi; jeudi on dansera.

7me *Exercice.*

oui - oin - ian - ieu - yon
toui - poin - rian - vieu - lyon

10. La route de Lyon; un bon té moin; une poin te à tête ronde.

11. Madame va s'éva nouir; Léon a une figure rian te; l'inférieu re obéira à la supé rieure.

12. La boule roulera loin; Dieu écoutera ta priè re; Léon tine a réjoui sa mère.

13. Le trône de Napo léon;

le jour va poindre; le jeune Carion écrira lundi.

14. La viande cuira dans la marmite; ton frère a prié le bon Dieu; le coin du mur.

15. Il a voulu joindre une poire; Antoine a vu le Kabin; la santé de maman se rétablira.

8me *Exercice.*

coir - tour - neur - sieur
fouir - troi - brou - pson
fleu - stron - pleur - cloir
vreur - cleur - spoir - tran

16. La flu xion de poitri ne; le cultivateur a récolté du blé; on plan tera de la salade.

17. Le fleuve sera navigable; une bordure droite; le contour du trian gle.

18. La san glante dispute; Ga ston a retrou vé son livre; un sub stan tif ma sculin.

19. Le ra cloir du ramoneur; une porte é troite; l'amitié incon stante.

20. Le poltron a peur; un pouvoir ébranlé; la profondeur du trou.

21. Con stantin ira à Dublin; la grandeur de l'angle; le fleuve Méan dre.

22. Justine a vu le joli miroir; Dieu punira le voleur; le cou vreur montera sur la toiture.

23. Le plastron de madame; le facteur porte le journal; l'instituteur instruira Victor.

24. Il a planté l'arbre dans la cour; André a une glande sur le cou; la gourmande avalera la prune.

25. Le jongleur fera un tour; Victoire sera blonde; le voleur sera écroué.

SONS BIGRAMMES ÉQUIVALENTS.

9me *Exercice.*

ai	en	ei	au	œu	ay
ê	an	è	ô	eu	è
fai	j'en	rei	pau	vœu	tay

26. Le notaire va faire

l'acte; un vœu téméraire; la grande reine de Suède.

27. Le bréviaire du vénérable pasteur; un témoin oculaire; l'aurore boréale; le menteur sera puni.

28. Une fleur de mauve; le trou de la taupe; un maître d'école; l'énormité de la baleine.

29. La pension du militaire infirme; le cristal de la fontaine; une grande manœuvre.

30. Une pauvre mendiante; Pauline fera l'aveu de sa faute; il y a loin de Pékin à Nankin.

31. La gloire de notre divin Sauveur; Madeleine dira la

vérité; un vœu de ma défunte mère.

32. J'au rai de l'en cre pour écrire; Caroline a voulu paraître savante; l'aigle a poursuivi le vau tour.

10me *Exercice.*

am - em - om - im - um
an en on in un
ram - sem - pom - tim - fum

33. L'em pire tom bé; la tem pérature de l'été; une pom pe foulante; j'aurai une grande peine.

34. Une victoire im portante; le style simple; le tem ple du Sauveur.

35. La neuvième o lym pia-

de ; madame de Pompadour ; on récompense le mérite.

36. La tombe de mon pauvre père ; la veine de la tempe ; la colombe roucoule.

37. La pompe aspirante ; l'Empereur, notre maître ; le menteur aura lieu de se repentir.

38. Va-t-en dormir à l'ombre ; l'imprudente Adèle a coupé une fleur ; la bombe a éclaté.

39. Dieu entendra le menteur, il le punira ; Napoléon fera renaître l'empire ; j'ai senti le parfum de la fleur.

40. Pauline a une douleur à la jambe ; la bombe a tué le

militaire ; la co lombe s'envole à tire-d'aile.

11me *Exercice.*

stau - vrai - plei - tren - splen
l'air - sœur - trom - cram - clair

41. Le défenseur plai dera; l'âne va brai re ; la croupe du bœuf; la robe de Madeleine.

42. L'œu vre du Créa teur ; la trom be marine ; on va te surpren dre.

43. Punir le mal faiteur ; la plei ne soupière ; Léon a prouvé le contrai re.

44. Clau de aura la migraine; la froidure du matin; au clair de la lune.

45. La poule a pondu l'œuf;

com plaire au roi; avoir l'air d'être gai.

46. Trente ou une tren tai-ne; Justine a trem pé la soupe; ma sœur a mal au cœur.

47. Je ton drai le mouton noir; Aristide a l'air de com-pren dre; de la grai ne de colza.

48. Auguste pleure son maître; ta sœur pren dra un remède; le trom peur sera trompé.

49. Olym pe a la cram pe; la splen deur de la cour; le traî tre a voulu pren dre la fuite.

ARTICULATIONS BIGRAMMES.

12me *Exercice.*

ill - gn - ch - ph - qu

f c

illa - gné - chi - phè - que
illar - gnol - chir - phal - qu'il

50. Le ri che propriétaire; son pantalon mou illé; une sévère en quête.

51. Le che min ali gné; l'embou chure d'un canon; l'épita phe de la tombe.

52. La mè che du lampion; la moitié de qua rante; la feuille de l'om phalode.

53. Un parti a char né; le demi quar teron; la limpidité du chyle.

54. La marmite va bouillir; notre cheval borgne; une aile de mouche; le maître enseignera.

55. Le salaire du vigneron; un signe du zodiaque; le livre qu'il a acheté.

56. Une dame de qualité; le char triomphal; une branche de chêne.

57. Le joli peigne d'ivoire; l'empereur Charlemagne; une veine lymphatique.

58. Léopol*d*, empereur d'Autriche; la souche du chêne fera du feu; notre lampe a manqué de mèche.

59. La vapeur de charbon; Adolphe a cru devoir ré-

flé chir; le man che de la cu illère.

60. So phie blan chira son fi chu; l'équi noxe aura lieu diman che; la va che laitière.

61. Le maré chal co gne sur l'enclume; file ta quenou ille, ma chère Laure; la cha rité publi que.

13me *Exercice.*

illon - gneu - choi - phan
quai - sque - illeur - gnoir
cheur - sphè - queur - phra

62. Mon capu chon déchi-ré; la bai gnoi re de ma tante; l'écume du bou illon.

63. J'ai bu de la li queur

forte; son lorgnon neuf; va faire le quanquan.

64. Le repentir du pécheur; un brodequin troué; j'aime l'odeur du camphre.

65. Le mousquetaire de la reine; le bataillon a été mitraillé; Oscar, le bon marcheur.

66. Le rude champion; il a voulu rompre la chaîne; le globe ou sphère.

67. Le caillou diaphane; la chanson de Philomèle; une grande quantité de blé.

68. Un médaillon de cuivre jaune; la chambre du capitaine; le dauphin, monstre marin.

69. Mon père a vendu le co chon; Madame prendra son man chon; lor sque maman voudra.

70. La bonté du Sei gneur, notre Dieu; le quai de la rivière; le trava illeur infatigable.

RÉCAPITULATION.

14me *Exercice.*

71. On vante la conduite de ton frère; Emile a demandé pardon; Clémentine finira la couture du pantalon.

72. Léon fera son devoir lundi; mardi, il ira à la promenade; Dieu pourvoira à l'avenir du juste, il le bénira.

73. Aristide a un pantalon bleu; la garde impériale fera preuve de bravoure; j'aurai une récompense pour avoir sauvé mon camarade.

74. Antonin a trompé son père, il aura lieu de s'en repentir; le capitaine a maltraité le roi captif; la plume du dindon vole en l'air.

75. La paille fera de la litière au cheval; invoque Dieu au nom du Sauveur; Paul aura une conduite régulière.

76. Alphonse a trouvé une châtaigne sur le chemin; la chèvre broutera la feuille de l'aubépine.

77. Le triomphateur a mon-

tré de la grandeur d'âme; Napoléon gagna la grande bataille d'Iéna.

78. Raoul a acheté un cheval de carton; mon camarade Félix demeure en Bourgogne, j'irai le voir la semaine prochaine.

79. Chante-moi une chanson, camarade; j'ai vu le requin que Jérôme a tué; René aime la soupe à l'ognon.

80. Le barbouilleur taille mal sa plume; aime le Seigneur, le Seigneur te bénira.

81. André a porté le chaudron sur le feu; Gaston a été ébloui; Victor a lu un chapitre.

CHAPITRE III.

LETTRES NULLES.

(2me classe de difficultés).

PRONONCIATION EXCEPTIONNELLE DES MONOSYLLABES *les, des, mes, tes, ses, et, es, est.* — NULLITÉ D'UNE SEULE LETTRE A LA FIN DU MOT.

(Voir § 1er).

15me *Exercice.*

les[1] - des - mes - tes - ses
ê ê ê ê ê

et - tu es - il est
é ê ê

palai*s* - sérieu*x* - arden*t*
placar*d* - mani*e*.

1. Mes chou*x*, tes soin*s*, ses vœu*x*. Les

(1) En apprenant à lire les monosyllabes *les*, *des*, *mes*, etc., les enfants sont tentés d'abord, tout naturellement, de pro-

dons, des rois, tu es pris. Il est so*t*, un chat et un ra*t*.

2. Ses noi*x*, tes lapin*s*, mes repa*s*. Tu es sour*d*, des don*s*, les poi*s*. Ils fon*t* et ils von*t*, il est gran*d*.

3. Il est vieu*x*, Jules et Mari*e*. Les pôle*s*, des corde*s*, tu es méchan*t*. Mes corme*s*, tes carte*s*, ses danse*s*.

4. Les fau*x* prophète*s*. Aimes-tu les chou*x*? Jules est for*t*. Leurs journau*x*.

5. Amédé*e* est gourman*d*. Ils gagneron*t* gro*s*. Il a chau*d* et froi*d*. Ses cheveu*x* noir*s*.

6. Nos pratique*s*. L'armé*e* des Bédouin*s*. Charle*s* est peureu*x*. Loui*s* et Juli*e*.

7. Mes poire*s* jaune*s*. Les cantique*s* sacré*s*. Ses livres tou*t* doré*s*. Tes pantalon*s* neuf*s*.

8. Mes bijou*x* et tes couleur*s*. Mon sabo*t* a des clous. Le peti*t* Renau*d* est très-poli.

noncer de la même manière les syllabes finales *les*, *mes*, *des*, etc.; or, à cet égard, il suffit de leur faire observer que *les*, *mes*, *des*... ne se prononcent *lê*, *mê*, *dê*... que lorsque ces syllabes sont seules, isolées; mais qu'elles se prononcent *le*, *me*, *de*... (*s* étant nul) lorsqu'elles terminent les mots.

9. Les voleur*s* se son*t* caché*s* dans la forê*t*. J'ai emporté mes livre*s* et ses plume*s*. Notre cha*t* pren*d* des souri*s*.

10. Mes lapin*s* on*t* fai*t* des trou*s* dan*s* leur toi*t*. Mon frère finira ses devoir*s*, il est laborieu*x*.

16me *Exercice.*

étan*g* - plom*b* - cham*p*
bari*l* - soiré*e*

11. Du taba*c*, une den*t*, du lar*d*. Un ran*g*, du plom*b*, une grue. Le poin*g*, un cheni*l*, du far*d*.

12. L'outi*l*, du san*g*, une pie. Une nué*e*, la rou*e*, un graba*t*. Le bour*g*, le fon*d*, une garanti*e*.

13. Tu es méchan*t*. Le bari*l* est vendu. Une joli*e* poupé*e*. Les riches propriétaires.

14. Un faubour*g* de Pari*s*. Le ban*c* et la table. La proi*e* de l'animal. Emélie pleurait.

15. Conduis les bœufs au cham*p*. Je vous salu*e*, madame. Mes frères sont partis.

16. Edouard salue tout le monde. Sois prudent, mais ne sois pas méchant. Ma chambre a trois mètres de lon*g*.

17. Dis-moi qui a pris l'abricot dans le jardin. Si Louis étudie, il aura la croix. Les traîtres seront pendus.

18. Julie a pris dix noix et quatre prunes dans le placard. Amédée demeure en Normandie, au bour*g* d'Argoly.

19. Tes robes sont fraîches. Une poire est tombée sur la tête de Marie. Les chevaux de Nicolas vont toujours au galo*p*.

NULLITÉ DE DEUX (ET MÊME TROIS) LETTRES CONSÉCUTIVES A LA FIN DU MOT.

(Voir § 2).

17me *Exercice.*

sabo*ts* - canar*ds* - poin*gs*
tortu*es* - doi*gts*

20. Des li*ts*, ses toupi*es*, les cam*ps*. Mes fon*ds*, vos regar*ds*, nos poin*gs*. Les solda*ts*, les ru*es*, aux cham*ps*.

21. Des statu*es*, quatre-vin*gts*, les taba*cs*. Tes jolis sabo*ts*. Ses gran*ds* cheveux blon*ds*.

22. Des prairi*es* fauch*ées*. On punit les gourman*ds*. Je ven*ds* des fleurs bleu*es*. Les bari*ls* de poudre.

23. Quatre-vin*gt*-dix brigan*ds*. Des soir*ées* d'agrément. Les marchan*ds* en gros. De lon*gs* doi*gts*.

24. Les départemen*ts* du nord et du sud. Les grelo*ts* du cheval. Des travaux délica*ts*. Les peti*ts* cha*ts*.

25. Des chambres garni*es*. Des brebis tondu*es*. Les frui*ts* sont mûrs. D'agréables compagni*es*.

26. Tu répon*ds* trop brusquement. Deux canar*ds* blan*cs*. Des manda*ts* signés. Les candida*ts* timides.

27. Des vagabon*ds* poursuivis. On fuit les bigo*ts*. Lévi chérit ses paren*ts*. Quatre propriétés vendu*es*.

28. J'aime fort les fleurs panach*ées*. Tu ne me compren*ds* jamais. Marie et Louis sont deux gran*ds* gourman*ds*.

29. Jules est trop fainéant. Tu ba*ts* souvent ton frère, m'a-t-on dit, méchant que tu es!... pourquoi donc le ba*ts*-tu?

NULLITÉ DE *nt*, *ent*, A LA FIN DU MOT.

(Voir § 3).

18me *Exercice.*

ils parle*nt* - ils voulure*nt*
ils tardère*nt* - ils venai*ent*
ils déploi*ent* - ils pri*ent*

30. Ils parle*nt* toujours. Ils voulai*ent* partir. Qu'ils chante*nt* mal! S'ils pouvai*ent* venir.

31. Ils danse*nt* trop. S'ils veule*nt* dormir. Ils se rendrai*ent* tout de suite. Ils plante*nt* des salades.

32. Je veux qu'ils le sache*nt*. Il faut qu'ils le veuille*nt*. Ils déploi*ent* l'étendard. Ils gagnai*ent* du temps.

33. Les cochons grogne*nt*. Il faut qu'ils

tomb*ent*. Ils sacrifi*ent* tout. Ils tremblai*ent* de peur.

34. Les loups dévor*ent*. Les chevaux galop*ent*. Les vaches beugl*ent*. Ils dînai*ent* trop tard.

35. Ses chèvres broutèr*ent*. Les troupes se retir*ent*. Les Polonais conquérir*ent*. Les coqs chant*ent*.

36. Mes parents qui pleurai*ent*. Les pauvres qui mendiai*ent*. Les témoins qui parlèr*ent*.

37. Ils criai*ent* à tue-tête. Ils dansèr*ent* long-temps. Des montagnards qui jouai*ent*. Les poules pond*ent*.

38. Ils lui tâtai*ent* le pou*ls*. Les lapins qui courai*ent*. Mes parents travaillai*ent*.

39. Ils fum*ent* leurs pipes. Des marmots qui sautai*ent*. Les cultivateurs labour*ent*.

40. Qu'ils ne soi*ent* pas méchants. Ils voulai*ent* boire. Ils coup*ent* le froment. Un vêtement chaud.

41. Un violent tremblement. Va faire boire la jument. Le mouvement des troupes.

42. Gaspard est turbulent. Tu es mon parent. Il est laborieux et prudent. Je suis très-content.

43. Les laboureurs gagne*nt* leur vie à la sueur de leur front. Il faut que tous les enfants soi*ent* polis. Elie et Clément parle*nt* rarement pendant le repas.

EXERCICE PARTICULIER SUR LA LIAISON DES MOTS.

(Voir § 4).

19me *Exercice.*

44. Les $_{z}$ ignorants. De fameux $_{z}$ écrits. Un grand $_{t}$ évènement. Ils revinrent $_{t}$ ensemble.

45. Ils $_{z}$ arpentèrent. De nombreux $_{z}$ amis. On $_{n}$ a dit que... Nous $_{z}$ écrivons. Le bon $_{n}$ enfant.

46. Ses $_{z}$ outils. Un $_{n}$ avocat

qui plaide. Deux $_z$ ou trois $_z$ animaux. Des $_z$ yeux $_z$ égarés.

47. Il est trop $_p$ élégant. J'ai neuf $_v$ ans $_z$ et demi. Un long $_g$ article. Un $_n$ énorme lièvre.

48. Il faut $_t$ en $_n$ avoir soin. Je pense aux $_z$ autres. Du tabac $_c$ à volonté.

49. Son $_n$ ami fidèle. Il croit $_t$ à tout. Ils $_z$ étaient $_t$ en route. De vieux $_z$ animaux.

50. J'ai lu ses œuvres complètes. Gaspard a acheté un bon instrument. Tu iras au marché.

51. Elie a les cheveux épais. Nous nous informerons de leur santé. Venaient-ils ou ne venaient-ils pas?

52. Ils avaient empli leurs poches. De grandes épidémies ont régné en Europe. Ont-ils peur, et se cachent-ils?

53. Les élève s étaien t en retard. On avait parlé trop tôt. Le loup est un animal carnivore.

54. Il répon d et se lève. Voilà des enfant s imprudents. Ils me demandèren t à boire san s avoir soif.

55. Paul et David sont grand s amis. As-tu vu le gran d arbre du jardin? On était prê t à partir.

56. Nous avons vu un âne qui portait troi s enfants. Croi s en Dieu, mon enfant, si tu veu x être sauvé.

57. En deu x ans, Julie a fait toutes ses études. Il ne veut pas suivre les bon s avis de son oncle, l'étourdi!

---

h NULLE.

(Voir § 5).

20me *Exercice*.

*h*i - *h*a - *h*o - *h*eu - *h*ou - a*h*

l*h*eur-t*h*é-c*h*ro-r*h*é-co*h*o-d'*h*é

58. L'*h*abit noir de mon oncle. Un grand

mal*h*eur est arrivé. La *H*ongrie dépend de l'Autriche.

59. Une figure de r*h*étorique. J'ai grand mal à la *h*anche droite. T*h*éophile a une maladie c*h*ronique.

60. Les bons fils rendent leurs pères *h*eureux. La *h*auteur de l'arbre est de *h*uit mètres et demi. T*h*éodore est *h*ardi.

61. *H*enri a un fort r*h*ume. Le capitaine s'est rendu sur le t*h*éâtre de la bataille. Les soldats ont fait *h*alte.

62. Nous avons emporté les *h*arnais des chevaux. Il a obtenu de forts *h*onoraires. *H*élène a une triste *h*abitude.

63. Ils entendirent des sons *h*armonieux. J'ai goûté du *h*areng blanc. Le C*h*rist est mort sur la croix.

64. Le c*h*lore est un corps gazeux. *H*ortense préfère le t*h*é au café. T*h*éodore a trouvé un nid dans la *h*aie.

65. Cat*h*erine est toujours d'une *h*umeur gaie. Heureux l'enfant qui prie Dieu *h*umblement.

66. As-tu l'*h*istoire de nos grands rois? C*h*ristophe a deux habits tout neufs. Félix est *h*ors d'*h*aleine.

67. A-t-il semé les *h*aricots? Je ferai mon t*h*ême tout à l'heure. Mal*h*eur à quiconque s'*h*abitue à mentir.

DE DEUX ARTICULATIONS IDENTIQUES CONSÉCUTIVES, LA PREMIÈRE NULLE.

(Voir § 6).

21me *Exercice.*

mo*l*le - ba*t*tu - po*m*me
sa*b*bat - fra*p*pé - l'o*f*fre
ca*n*ne - i*m*mense - cai*s*se
a*g*gravé

68. Sophie m'a fra*p*pé. La bo*n*ne boussole du navigateur. Deux notes qui forment un accord parfait.

69. Les moisso*n*neurs coupent le seigle. On a vendu du poisson frais. Henri a été a*t*taqué injustement.

70. Le chasseur a tué une grosse bécasse. Charles accomplira une mission importante. Ils passaient leur temps.

71. La jeune Octavie est remplie d'une sotte vanité. Ira-t-on à la chasse aujourd'hui? Le fidèle commissionnaire.

72. Il faudra qu'ils se lassent. La graisse de porc est blanche. Le tempérament de Théophile s'est fort affaibli.

73. Il fait dans la classe un bruit insupportable. Vois donc le ballon qui s'enlève. L'immensité de l'étendue.

74. Le chagrin accable sa pauvre mère. Hélène est tombée dans le bassin. Le lait de vache fait du beurre.

75. Au printemps les arbres poussent. La poissonnière vend des huitres fraîches. Nous devons tenir à l'honneur.

76. Les rossignols chantent dans les haies. Tout le monde aime les pommes. La gloire de Dieu est immense.

a NUL, PRÉCÉDANT LE SON *in*. — *e* NUL, PRÉCÉDANT LE SON *in*, — PRÉCÉDANT LE SON *au*.

(Voir § 7).

22me *Exercice*.

*a*in - *e*in - *e*au
p*a*in - t*e*in - b*e*au
cr*a*in - fr*e*in - vr*e*au

77. Le poul*a*in de la métairie. Un p*e*intre habile est arrivé dans la ville. A qui est le cout*e*au?

78. Le vieux sacrist*a*in sonne les cloches. Chante le refr*a*in de la compl*a*inte. Les tabl*e*aux noirs de la classe.

79. L'armée est att*e*inte d'un grand fléau. Entends-tu les taur*e*aux qui beuglent? De la t*e*inture bleue.

80. Un lourd mart*e*au frappe sur l'enclume. Les drap*e*aux tricolores flottent de toutes parts. Le p*a*in est-il cuit?

81. Aujourd'hui il fait un temps ser*e*in.

Il y a de bon reg*a*in dans le prairie. Une profonde empr*e*inte.

82. Comme tout est b*e*au dans la nature! Jeanne fera sa première communion dimanche proch*a*in. Le lendem*a*in de la fête.

83. Luc*a*in aime fort les gât*e*aux. Marie aime b*e*aucoup le tourt*e*au. Un maître qui se fait craindre.

84. On a fauché le reg*a*in du grand pré. Le lendem*a*in de Pâques on se réjouit. Les *e*aux de la prairie coulent dans le ruiss*e*au.

85. Les malheureux demandaient du p*a*in aux portes. Les Améric*a*ins habitent l'Amérique. Théodore a tué un crap*e*au.

NULLITÉ DE *u* APRÈS *g*.

23me *Exercice.*

(Voir § 8).

g*u*e - g*u*é - g*u*a - g*u*ir

g*u*es - g*u*eur - g*u*ai - g*u*in

g*u*ant - g*u*aient

86. Antonin se disting*u*a dans ses études.

Les malheureux ont dû lang*u*ir beaucoup. Il est tout-à-fait g*u*éri.

87. Nous avons fait une long*u*e course. Gustave a attrapé une grosse g*u*êpe. On disting*u*ait de loin sur la montagne.

88. Si tu mens, on te coupera la lang*u*e. Frédéric a acheté une bonne g*u*itare. J'ai tenu les g*u*ides du cheval.

89. As-tu entendu le fameux harang*u*eur? As-tu vu le joli bég*u*in? Mon oncle est mort de lang*u*eur.

90. Un chevreau dans la g*u*eule d'un lion. J'entends le son d'une g*u*imbarde. Etre vêtu comme un g*u*eux.

91. Les républicains brig*u*aient tous les honneurs. Les hommes portent des g*u*êtres. Marg*u*erite a un beau g*u*éridon.

92. Un gros dog*u*e a mordu Marie à la cuisse. Henri et Théodore se disting*u*ent de leurs camarades. La rig*u*eur de la loi.

93. Catherine a trois bag*u*es à chaque main. Une g*u*êpe a piqué Zélima au petit doigt. Maintenant je suis g*u*éri.

94. J'ai vu un cheval foug*u*eux. La longueur de mon appartement est de huit mètres. L'apothicaire vend de l'ong*u*ent.

PARTICULARITÉS.

(Voir § 9).

24me *Exercice.*

mo*n*sieu*r*.

tu as *e*u - il a *e*u - j'*e*us - nous *e*ûmes.

mécom*p*te - Ba*p*tiste - indom*p*table.

da*m*né - je conda*m*ne.

a*c*quis - Ja*c*ques.

c*h*oléra - éc*h*o - anac*h*orète.

pa*o*n - t*a*on - *a*oût.

95. Le coupable fut conda*m*né. Ils cal-

culent prom*p*tement. Achille a *e*u soif toute la journée. Un grand mécom*p*te.

96. L'*a*oûteron se fatigue beaucoup. Marguerite a vu les jolies plumes du pa*o*n. Mo*n*sieu*r* le Procureur est rendu.

97. En passant le long de la forêt, nous *e*ûmes peur. Clémentine a le teint frais. La ville de La*o*n se trouve dans le département de l'Ai*s*ne.

98. Ja*c*ques monte les chevaux indom*p*tés. Catherine avou*e*ra sa faute. Les mendiants *e*urent faim. L'éc*h*o répète.

99. Le vendeur et l'a*c*quéreur ont *e*u un différend. Les soldats supportent la rigueur du temps. Nous cri*e*rons à tue-tête.

100. Ba*p*tiste est atteint d'une fièvre c*h*olérique. Il y a eu, entre mo*n*sieu*r* Henri et monsieur Guérin, une longue discussion.

101. Le ba*p*tême du nouveau-né aura lieu vendredi. J*e*an est allé s'ass*e*oir sur le banc. Les montagnards chantèrent en c*h*œur.

102. L'empereur a fait preuve d'un grand dévou*e*ment. Ba*p*tiste *e*ut tort de ne pas

obéir. Le t*a*on est une grosse mouche.

103. L'auto*m*ne prochain, nous aurons du vin nouveau. J'*e*us, tu *e*us, il *e*ut, nous *e*ûmes, vous *e*ûtes, ils *e*urent la colique.

104. On priera mo*n*sieur le Maire de se rendre sur les lieux. J'ai eu le bonheur de revoir ma patrie. Un caractère indom*p*table.

RÉCAPITULATION.

25me *Exercice.*

105. Une voiture à quatre roues. Pourquoi as-tu donné un coup de poing à ton camarade? Ils emploient mal leur temps.

106. Pourquoi lui crachaient-ils à la figure? Monsieur et madame veulent partir immédiatement. Deux chèvres cornues.

107. Jeudi nous irons à la pêche aux grenouilles. Si tu veux avoir le prix, il faut que tu travailles. Ma sœur a un rhumatisme.

108. Je vous souhaite le bonjour. Nous

connaissons l'homme qui passe. De la pommade sur les cheveux de Marguerite.

109. N'approche pas trop près du feu. Le rossignol fait son nid de mousse. Hippolyte a cassé un carreau.

110. Trente kilogrammes de sucre. La chèvre a eu trois petits chevreaux. Monsieur Moreau est mon parrain.

111. La peinture du magnifique tableau. Romain étudie la langue allemande. Une guirlande de fleurs.

112. Jean a eu la fièvre toute la nuit. Monsieur le Commissaire part pour Paris. Baptiste a acquis de la fortune.

113. Nous eûmes le malheur d'être en retard. Nous entendîmes un choriste très-distingué. La lune rousse.

114. Les chemins sont pleins de boue. Madame a acheté quatre oies grasses. Les hommes se trompent souvent.

CHAPITRE IV.

LETTRES A VALEUR EXCEPTIONNELLE.

(3me classe de difficultés).

VALEUR EXCEPTIONNELLE DE L'ARTICULATION *g*.

(Voir § 10).

26me *Exercice.*

ge - gé - gi - gir.
j j j j

gen - gin - geur - gion.
j j j j

gea - geai - geois - geons - geaient
j j j j j

1. Le général de brigade a passé en revue toutes les troupes. Cache-toi sous la

lo ge. Eugé nie est d'une légè reté trop grande.

2. La lingè re va en journée. J'ai man gé du gigot rôti au four. Lucain a des sentiments gé néreux.

3. Alphonse a eu à rou gir du menson ge qu'il a fait. Sophie doit gé mir de son sort. Un gy rovague est entré au monastère.

4. Geor ges dit qu'il a la goutte. Monsieur Jean man gea très-peu. Le bon na geur s'est jeté à l'eau.

5. J'ai dans ma ca ge un pinson fort gen til. Les géo mètres arpentent les champs. Eugè ne a gagné huit francs.

6. Les membres du bureau prolon gent leur séance. As-tu entendu le rossignol qui ra mageait? Nous vendan geons demain.

7. Eugé nie dénouera ma cravate. Le gé néreux bour geois nous a fait un cadeau. Ils ven geaient leurs amis.

8. La gi rafe est un animal qui a un long cou. Le ju ge-de-paix condamnera l'insolent. Un bour geon épanoui.

9. Aujourd'hui le temps est orageux. Des gens vigoureux accoururent à notre secours. Un mauvais genre d'écriture.

10. Eugénie guérira à la longue. La religion console les affligés. Des vagabonds qui ravageaient les fruits.

11. Auguste et Madeleine se partagèrent l'argent. Les poissons ont des nageoires et non des ailes. J'ai mal à la gorge.

12. Thomas a donné de l'argent à l'indigent. Un monsieur m'a donné des dragées. J'ai suggéré, je suggèrerai.

VALEUR EXCEPTIONNELLE DE L'ARTICULATION *c.*

(Voir § 11).

27me *Exercice.*

ce – cè – ci – cir – ces.
s s s s s

c'est – cen – cin – ceux.
s s s s

cein – ceau.
s s

sci – scè – scen.
s s s

ac cè – ac ci – ac cen.
s s s

13. Ces pigeons sont tout blancs. Ces maux sont dangereux. Ces ronces sont piquantes. Ces princes sont heureux.

14. Ce n'est pas faux, ce que je vous dis, c'est vrai. Ce cataplasme va adou cir la plaie. Le capitaine sera dénon cé.

15. Comme ces cygnes sont blancs!

Comme ce pigeon est franc! comme ces cœurs sont endur cis!

16. Ces gibecières sont toutes pleines. Il y eut renon cé. Voi ci l'agent de police qui fait sa ronde.

17. Que ce lui qui veut venir, se hâte. Un caillou a été lan cé en l'air. C'est à toi, Charles, que ce monsieur parle.

18. Bonne renommée vaut mieux que cein ture dorée. Al cide a goûté la sau ce piquante. Ils eurent cé dé faci lement.

19. Cinq caporaux sont hors de combat. Des joueurs chan ceux. Honorons le pin ceau du peintre habile.

20. Il s'est passé ici une scène attendris-sante. Ceux qui peuvent ne sont pas tou-jours ceux qui veulent. L'ac cident a été favorable.

21. Le bataillon marchera au pas ac cé-léré. Vois donc faire ce grand far ceur. Les Russes mena cent d'envahir la Turquie.

22. Féli cie a un mauvais ac cent. Thomas et Matthieu étaint deux disciples

de Notre Seigneur. Demain sera le jour de l'Ascension.

23. C'est moi qui me charge de tout. La science élève l'âme et enrichit le cœur. Corrigeons l'enfant capricieux.

24. Ces appartements sont très-logeables. La France a long-temps joui des douceurs de la paix. Ceci vaut mieux que cela.

25. Donne un morceau de pain à celui qui a faim. As-tu lu l'histoire de Scipion l'africain? Ces enfants lancent toujours des cailloux.

---

c CÉDILLÉ.

(Voir § 12).

28me *Exercice*.

s

ça – çu – çon – çai – çant

26. Félicie s'avança brusquement. Le soldat a reçu son congé. Une maçonnerie qui n'est guère solide.

27. Le voleur enfonça la porte du comp-

toir. Emile se plaça au coin de la table. Je n'ai pas conçu ma leçon.

28. Apporte ici le marteau du maçon. Mon ami, tu fais beaucoup trop de façons. Ces élèves reçurent des éloges.

29. Cela se conçoit facilement. C'est monsieur le Maire qui prononça le discours. Vivent les braves Français!

30. C'est un limaçon qui a rongé ce légume. Ces ingénieurs traçaient le plan de l'ouvrage. Des paroles menaçantes.

31. Le captif paiera une forte rançon pour sa délivrance. Plaçons ce morceau de bois sur la table. Un garçon laborieux.

32. Tu as un caleçon, n'est-ce pas? François deux succéda à Henri deux. Mon condisciple est un charmant garçon.

33. Virginie me pinçait à chaque instant. On a trouvé le ceinturon du général français. Le scélérat a été déçu.

34. Ces soupçons ne sont nullement fondés. François a eu la jambe cassée. C'est à ce garçon que je parle.

35. Des cris menaçants se sont fait entendre. Alcipe renonça à des études plus longues. Lucie plongea sa main dans l'eau bouillante.

VALEUR EXCEPTIONNELLE DU SON *e* ARTICULÉ.

(Voir § 13).

29me *Exercice.*

el - lec - gel - cel - vec
è è è è è

ex - cet - chel - quel - tex

Berthe-germe-cercle-l'herbe
è è è è

36. Ces jeunes gens sont spirituels. Marguerite aime à dormir sur la verdure. Ce mot est un adjectif verbal.

37. La surface du triangle rectangle. On annonça la mort du colonel par le télégraphe électrique. Le chef honoré.

28. François a des idées extraordinaires. Cet équipage est celui du prince. Voici

deux cerceaux : lequel veux-tu?

39. Monsieur Servant passe pour un homme universel. Marcel a eu de bons certificats. Le maçon a les mains gercées.

40. Mercredi prochain nous connaîtrons le succès de nos démarches. Il faut avertir les juges de cet accident. L'urne électorale.

41. L'avocat énonça le texte de la loi. Nous sommes tous mortels. Nous partirons à la Saint-Michel.

42. Mangeons des cerneaux. Berthe a vu la mer. Rachel sait lire les vers.

43. L'Allemagne se nommait autrefois la Germanie. Mon cher enfant, voilà un mauvais prétexte. Le proverbe instructif.

44. Nous logeons à l'hôtel. Les bœufs mangent de l'herbe. Le père de Felix est marchand de fer.

45. Il est certain que cet élève a répondu à l'appel. Dieu seul est éternel. Ces troupeaux ont été dispersés.

VALEUR EXCEPTIONNELLE DU SON *e* SUIVI D'UNE ARTICULATION COMPOSÉE.

(Voir § 14).

30me *Exercice.*

peste - veste - testa - mestre
è è è è
geste - ceste - esca - espri

46. Le limaçon se nomme aussi escargot. Quand est-ce que ce funeste accident est arrivé Une fausse espérance.

47. Le peintre a fait l'esquisse du tableau. Le quatrième trimestre de l'année est échu. Un chef exterminateur.

48. Cet élève a l'esprit pénétrant. La vertu est toujours modeste. Le larron s'est esquivé.

49. Monsieur le ministre a protesté contre cet abus. Michel est puni presque tous les jours. Le gérant responsable.

50. Prions notre père céleste. Qu'est-ce

qu'un aliment indigeste? Il a fallu investir la place du côté de la mer.

51. Le général a fait un geste menaçant. Un pauvre estropié a été reçu à l'hôpital.

52. Ces enfants jouissent de l'estime publique. L'esclavage est aboli. J'eus l'espoir de revoir mes chers parents.

53. Monsieur Ernest a eu mal à l'estomac tout le jour. L'esturgeon est un gros poisson de mer. Le vestibule du logis.

54. Ferdinand a une jolie veste de drap bleu. Quelques personnes méritaient son estime. Sylvestre a eu des gerçures aux mains.

55. Estimons la vertu et détestons le vice. Le sage Nestor eut pour patrie la Grèce. Ernestine et Jean arrivèrent promptement.

VALEUR EXCEPTIONNELLE DU SON *e* SUIVI DE DEUX ARTICULATIONS IDENTIQUES.

(Voir § 15).

31me *Exercice.*

elle - lette - messe - presse - effi
è è è è è

celle - gette - quelle - mienne
è è è è

g*u*ette

56. Mon ancienne veste coûtait fort cher. Jacques a aperçu un nid de fauvette dans le buisson. Elle est cruelle.

57. Juliette a eu de belles étrennes. Dis-moi celle qui est la tienne. Entends-tu la tourterelle qui gémit?

58. Henriette chantera la superbe chansonnette. François aime beaucoup les côtelettes. Nivette confesse ses fautes.

59. Il est nécessaire qu'ils comprennent cela. Georges, essuie-toi les mains. Je déteste les richesses.

60. Le médecin a donné un coup de lancette. La tendresse maternelle. Monsieur veut-il permettre que je prenne son manteau?

61. Antoinette est modeste. Qui connaît cette magicienne? La petite Estelle dort dans son berceau.

62. D'où est cette belle duchesse? Ces travaux sont gigantesques. Cet homme a une lorgnette.

63. Berthe a tiré la ficelle. Descends dans la nacelle. Henriette a éteint la chandelle.

64. La guerre civile a éclaté. Sagesse vaut mieux que richesse. Essaie donc de mettre sur ton dos l'essieu de la charrette.

65. Le volume du globe terrestre. Ces maladies sont accidentelles. Le colonel a des épaulettes d'or.

66. Laquelle des deux s'appelle Annette? Celle qui plie la serviette. Ils cessent leurs caresses. Le sergent est en convalescence.

VALEUR EXCEPTIONNELLE DU SON *e*, SUIVI DE *t* A LA FIN DU MOT.

(Voir § 16).

32me *Exercice*.

me*t* - ne*t* - se*t* - ge*t* - gue*t*
è è è è è

che*t* - gne*t* - ple*t* - cre*t* - phe*t*

67. Ce bonnet de soie est à Léonie. Les bracelets d'or de la duchesse. Le brevet de capacité du jeune homme.

68. Ces corsets sont beaucoup trop étroits. Ferdinand, ton collet d'habit est crasseux. Veux-tu t'asseoir sur ce beau tabouret?

69. Lévi a un gilet blanc de toute beauté. Monsieur le sous-préfet arrive à huit heures. Alphonse sera un sujet distingué.

70. Ces jeunes garçons allèrent boire au cabaret. Cet homme paraît fort inquiet. Deux ou trois placets.

71. Ernestine a eu grand regret de partir. C'est un objet de prix dont je te ferai cadeau. Est-ce que tu me le promets?

72. C'est un coup de sifflet que j'ai entendu. L'un des fils de Noé se nommait Japhet. Eugène a un joli perroquet.

73. Le poids de ce poulet est de deux kilogrammes. Ils promettent toujours et ne tiennent jamais. Un charmant bosquet.

74. Un bouquet de violettes et de muguets. Ce baquet est tout plein d'eau. Mets ta casquette sur le buffet.

75. J'ai lu vingt versets du nouveau testament. Jacques jouera du flageolet demain. Ils avaient des plumets à leurs chapeaux.

76. Calcule la surface de ce cercle. Rachel aura un joli crochet en argent. Elle est dans une erreur manifeste.

VALEUR EXCEPTIONNELLE DU SON *e* SUIVI DE *z* A LA FIN DU MOT.

(Voir § 17).

33me *Exercice.*

dez – mez – viez – gez – cez
é é é é é
grez – trez – friez – illez – guez

77. Ne gar dez jamais rancune du tort qu'on peut vous avoir fait. Ne vous décou-ra gez point. Vous travai llez sans cesse.

78. Ne restez pas inactif quand vous a vez à faire. Pre nez votre lorgnette et regar dez. Do nnez à celui qui manque.

79. Fra ppez, et l'on vous ouvrira. N'avan cez pas trop près du feu. Ve nez chez monsieur le curé.

80. Je trouve que vous gesticu lez trop. Ne man quez jamais de respect envers vos supérieurs. Redou blez de courage.

81. Distin guez ce qui est bon de ce qui

est mauvais. Attendez que ces messieurs vous adressent la parole. Placez-vous ici.

82. Il faut que vous alliez voir cette personne. Avez-vous eu à vous plaindre? N'espérez pas d'avoir ce joli bouquet.

83. Jeune homme, ne com*p*tez pas trop sur l'avenir. Vous voudriez qu'on vous interrogeât. Comprenez-vous le français?

84. Triomphez de vos ennuis, si vous le pouvez. Efforcez-vous de plaire à vos parents. Vous savez qu'ils travaillaient continuellement.

85. J'ai eu grand peur de ce baudet. Vous avez vu la mer quelquefois, n'est-ce pas? Ne mentez jamais, mon cher ami.

86. Je crois en effet que vous vaincrez ces difficultés. Arrangez le feu, prenez les pincettes et le soufflet. Contemplez le ciel.

VALEUR EXCEPTIONNELLE DU SON *e* SUIVI DE *r* A LA FIN DU MOT.

(Voir § 18).

34me *Exercice.*

dore*r* - fume*r* - place*r* - songe*r*
é é é é
panie*r* - sacre*r* - manque*r*
é é é
soigne*r* - sablie*r* - nargue*r*

87. Georges a voulu emprunter de l'argent. Vous voulez tenter fortune. Savez-vous cacheter une lettre?

88. Le gain du journalier est si faible! Eugène et François ont la bonne habitude de saluer les passants.

89. Celui qui est muet ne peut parler. Jeannette va rincer les verres. Que les fleurs de pommier sont belles!

90. Qu'il est beau de pratiquer la vertu! Germain essaie de grimper sur le poirier.

Il ne faut pas déchirer ce morceau de papier.

91. J'ai entendu cet abbé prêcher avec éloquence. A quoi bon déranger cette montre si elle va comme il faut?

92. Ce soldat a voulu forcer la consigne. Le grand vent a failli déraciner le châtaignier. Narguer son ennemi.

93. Ernestine se plait à effeuiller les branches du prunier. Vaincre sans péril, c'est triompher sans gloire.

94. Ces jeunes gens devaient redoubler de courage. Pierre aurait dû avouer sa faute. Qu'il est laid de menacer un frère!

95. Nous eûmes le courage de traverser la forêt. Antoinette va se mouiller jusqu'à la peau. Ils veulent se promener.

96. N'oubliez pas, mes enfants, de prier Dieu matin et soir. Il faut savoir garder un secret. Distinguer une étoile en plein midi.

VALEUR EXCEPTIONNELLE DU SON *e* SUIVI DE *x* ; — VALEUR EXCEPTIONNELLE DE L'ARTICULATION *x* ; — *c* AYANT LA VALEUR DE *s*, NUL APRÈS *x*.

(Voir § 19).

35me *Exercice.*

vexé - nexe - plexe
é è è

exi - exé - exa
égz égz égz

exau - exem - exhor

ex*c*i - ex*c*è - ex*c*en - excu
é é é é

97. Qu'est-ce qu'un nombre complexe? Qui peut nier l'existence de Dieu? Exercez votre mémoire.

98. Ce magistrat est chargé de faire exécuter la loi. Le proscrit va pleurer sa patrie dans l'exil. Un fluide expansif.

99. Monsieur le curé exhorte le pécheur à la pénitence. Les parents de Marguerite furent un peu trop exigeants.

100. Quel est l'instituteur qui dirige l'école annexe? Voilà une dette qui est exigible. Un récit exagéré.

101. Le garçon qui est le plus âgé, doit montrer le bon exemple. Ces fruits me semblaient excellents. Un repas exigu.

102. N'excite jamais tes camarades à faire le mal. Cette année, il a fait un froid excessif. Ces fautes sont exécrables.

103. Tous, excepté trois, étaient du même avis. Le cafier est une plante exotique. Ce sont des cerveaux exaltés.

104. Veuillez, messieurs, examiner cet ouvrage. J'ai eu le bonheur de rencontrer mon ami Alexis. L'hexagone régulier.

105. Jeune homme, expliquez-nous cela. Ces jeunes gens ont des idées tout-à-fait excentriques.

106. Je suis fier d'être exem*pt* de reproches. Elle a expiré dans leurs bras. Alexandre a eu une conduite exemplaire.

VALEUR EXCEPTIONNELLE DU SON *en*.

(Voir § 20).

36me *Exercice*.

mien - tien - sien - lien - rien

in in in in in

cien - gien - bien - vient - chien

107. On va renfermer le galé rien. Dieu nous donne notre pain quoti dien. Connai-ssez-vous ce jeune ita lien?

108. Alexandrine va bien tôt commencer à broder son bonnet. Tien drez-vous votre promesse? Je n'en crois rien.

109. Alphonse ferait un excellent comé-dien. Les histo riens ne manquent pas aujourd'hui. Qu'est-ce qu'un vau rien?

110. Allez acheter des drogues chez le pharma cien. Alexis porte l'habit de collé-gien. Lu cien viendra demain.

111. Le gar dien du malade annonça l'arrivée du docteur. Tu reçois chaque jour des bien faits du ciel. Henriette, viens ici.

112. C'est un homme bienheureux. Mes anciens compagnons ne me connaissaient plus. Le beau temps revient.

113. Fox est un chien comme il y en a peu. Tes souliers sont plus beaux que les miens. Mon gilet est plus cher que le tien.

114. Le captif a rompu ses liens. Charette fut l'un des principaux chefs vendéens. A qui appartient ce panier?

115. Mon cher enfant, fais le bien et toujours le bien. L'excès en tout ne vaut rien. Henriette brode très-bien.

116. Adrien convient qu'il a eu tort. Nous exigeons que Marie revienne bientôt. Alexandre et Julien examinent leurs cahiers.

VALEUR EXCEPTIONNELLE DE L'ARTICULATION *s*.

(Voir § 22).

37me *Exercice.*

posa - phrase - rusé
z z z

crise - prosa - tison

toise - fuseau - raisin - causez
z z z z

117. Vois donc comme Jeannette est rosée! Adrien use beaucoup ses vêtements. Catherine s'amuse avec sa poupée.

118. Louise s'expose à être grondée. Jeudi, François viendra chez nous. Ce rosier fleurira au printemps.

119. Venise est une ville d'Italie. Oseriez-vous manquer de respect à vos parents? Georges vient de dessiner une rose.

120. Le lion est fort, le renard est rusé. Cet anglais étudie la langue française. Florine a cousu une pièce à cet habit.

121. Toujours il faut écouter la voix de la raison. Alexandre a mangé des fraises. Combien pèse ce morceau de sucre?

122. L'arsenic est un poison violent. Coupez la toison de cet agneau. J'estime Juliette : elle est raisonnable.

123. Quittez votre chemise quand elle est mouillée. Il faut mesurer la convexité de ce vase. Julien analysera cette phrase.

124. Ces messieurs déposèrent leurs griefs. Les gendarmes ont fait une bonne prise. Ils méprisaient ces scélérats.

125. Louise a reçu en cadeau un superbe collier. Cette maison a été vendue fort cher. Simon-Pierre était aussi l'un des disciples de Jésus.

126. Ce fut Josué qui introduisit les Hébreux dans la terre promise. Quel fut le successeur de Louis treize?

VALEUR EXCEPTIONNELLE DE L'ARTICULATION *t*.

(Voir § 21).

38me *Exercice*.

tiel - tial
s s

partiel - martial

essentielle - partiale

nation-potion-ration-irruption
s s s s

national - vénitien - patient
s s s

prophétie - inertie
s s

127. La maîtresse a infligé une légère punition à ma cousine. Louise est dans une bien triste position. Une mauvaise accentuation.

128. Demain, il y aura une éclipse partielle de lune. Le drapeau national flotte à toutes les fenêtres. L'exposition universelle.

129. Monsieur le juge-de-paix est un

homme impartial. Cette demoiselle a de faibles dispositions pour l'étude de la langue anglaise.

130. Le médecin viendra faire l'opération. Le malade doit attendre sa guérison avec patience. L'utile invention.

131. Ecoutez le petit Julien qui balbutie. Julie s'impatiente toujours. Pierre est le premier de sa section.

132. Les soldats eurent leurs rations. Cette règle a plusieurs exceptions. Voici notre maison d'habitation.

133. C'est là une question sérieuse. Mathurine a eu une forte indigestion. Il me semble que c'étaient des explications suffisantes.

134. Combien y eut-il de nominations officielles? Vous pensez que cette situation est dangereuse.

135. Jean sera de la conscription l'année prochaine. Tous les efforts de la diplomatie ont été inutiles. Une correction paternelle.

136. Ces étrangers ont atteint leur

destination. Ce jeune conscrit a l'air martial. Nous partirons pour la campagne.

137. Enfants, écoutez les exhortations du maître. Alexandre et Alexis ont fait une bonne action. C'est une locution vicieuse.

138. Cet entretien est digne de votre attention. Hugues-Capet fut le premier capétien. La natation est un exercice gymnastique.

---

y (grec) AYANT LA VALEUR DE DEUX *i* (ordinaires).
(Voir § 23).

39me *Exercice*.

ii ii ii ii
taya - seya - payé - croya

ii ii ii ii
pays - ayons - soyons - rayon

ii ii ii ii
payait - joyaux - ayez - voyez

ii ii ii
nuyeux - toyen - moyen

139. Asseyez-vous là, mademoiselle.

Enfants, soyons toujours obéissants. Ce comédien est impayable.

140. Voyez l'affection de cette jeune personne pour sa mère. Eulalie vient d'acheter un crayon à dessin.

141. Respectez les croyances religieuses de chacun. Il est essentiel de bien payer l'ouvrier. Ils sauvèrent un enfant qui se noyait.

142. Les tuyaux de l'orgue sont dérangés. Tracez un rayon bien droit. Croyais-tu cela, Ferdinand?

143. Quand nous regardons au-dessus de notre tête, au dehors, nous voyons le ciel. Eugène reviendra bientôt dans son pays natal.

144. Ecoutez chanter le petit savoyard. Il faut que nous voyions s'il y a moyen. La jeunesse est imprévoyante.

145. Plusieurs voyageurs passent en Amérique. Louise a le cœur joyeux : elle vient de faire une action méritoire.

146. Les oiseaux s'appuyaient sur les

branches. Je vais vous proposer un excellent moyen. La verte bruyère.

147. C'est le bâton de voyage de mon frère. Il faut, messieurs, que vous vous essuyiez les mains. Des pigeons fuyards.

148. Voici le doyen qui arrive. J'ai aperçu chez le peintre un beau paysage. Le décret royal a été promulgué.

149. Césarine est ennuyeuse : elle parle continuellement. Déployez l'étendard national. Je croyais que Lucien viendrait.

150. Ce mot est rayé du lexique français. Germain a envoyé sa lettre par la poste. Pierre a ployé cette baguette.

LE MÊME *i* SERVANT DEUX FOIS ; — *il* FINAL AYANT LA VALEUR DE *ill*; — *l* MOUILLÉ, A LA FIN DU MOT.

(Voir § 24).

40me *Exercice.*

beille - veille - seille

eil - neil - reil
ill ill ill

fille - dille - cille

sillon - pilla - treilla

ail - cail - vail
ill ill ill

reuil - seuil
ill ill

avril - babil
ill ill

151. Maman sommeille, ne l'éveillez pas. On a envoyé à mademoiselle Rose une corbeille pleine de fleurs.

152. Nous traiterons à des conditions pareilles. Le papillon voltige de fleur en fleur. Qui a lancé cette coquille de noix?

153. Voyez le camail de cette dame comme il est beau. Le mécanicien va diriger le gouvernail du vaisseau.

154. Monsieur, fermez le portail, je vous prie. A quelle heure se couche le soleil en ce moment? Ecoutez ces bons conseils.

155. A ton réveil, prie Dieu, mon enfant. Le chien fidèle est couché sur le seuil de la porte. La faucille du moissonneur.

156. Je conviens que nous sommes en péril. Admirons les merveilles de la création. Le poitrail du cheval.

157. Mademoiselle, vous plairait-il de danser un quadrille? Les groseilles du jardin sont excessivement grosses.

158. L'abeille va butiner, puis revient à la ruche toute chargée. Marseille est un port de mer. Des yeux brillants.

159. Les chasseurs tuent des chevreuils sur les montagnes. Jacques dit qu'il a grand mal à l'oreille gauche.

160. Amédée a un chapeau pareil à

celui d'Edouard. Les malfaiteurs sont surveillés. Du bois de brésil.

161. Madame, asseyez-vous dans le beau fauteuil. La famille royale a voyagé tout le mois d'avril.

162. Les maîtres excitent sans cesse leurs élèves au travail. Le mur de ce terrain est mitoyen. Une lentille convexe.

PARTICULARITÉS.

(Voir § 25).

41me *Exercice.*

gueil - orgueil - cueil - accueillir
gueuill queuill

femme - récemment
a sa

prudemment - solennel
a a

soixante - Auxerre - soixantaine
s s s

sixième - dixième
z z

Saül - stoïque - faïence

ciguë - aiguë

équateur - quadrin - quatruple
coua coua coua

décorum - maximun - album
o o o

regnicole - gnavelle

wagon - Newton
oua eu

second - œil - examen - pie*d*
g euil in é

163. Ernestine agit toujours imprude*m*ment. Pierre est un garçon plein d'orgueil. Le vaisseau va se briser contre un écueil.

164. Ces propriétaires possèdent la sixième partie de cette vaste prairie. Georges est arrivé tout réce*m*ment de son voyage.

165. Madame Guérin est reconnue pour une fe*m*me impartiale. Soixante-dix soldats passeront au conseil de guerre.

166. La ville de Bruxelles a donné le jour à un comédien célèbre. Une fête solen-nelle a eu lieu en l'honneur de la prise de Sébastopol.

167. Dix centièmes font un dixième. Cet enfant est haï de tous ses camarades. Le cheval hennit.

168. Cette pensée naïve a émerveillé tout l'auditoire. La ciguë contient un poison très-actif. Saül, premier roi des israélites.

169. Concevez-vous le sens de cette phrase ambiguë? Il fait chaud sous la ligne équatoriale. Gabriel a le pied tout écorché.

170. Quarto veut dire quatrièmement. Le malade a avalé une dose d'opium. J'ai bu un verre de rhum.

171. Joseph a intention d'étudier la gnomonique. Qui donc peut causer cette stagnation des affaires? Qui connaît le jeune Alfred?

172. Newton fut un célèbre mathéma-ticien. Le gouvernement anglais a publié le warant. Ma seconde journée de travail.

173. L'œil du maître surveille mieux que tout autre œil. Alfred a subi son examen. La quadrature du cercle.

174. La charrue trace les sillons. Léandre aime le cerfeuil. Le libraire a publié un recueil de chansons nationales.

175. La lune est une planète secondaire. Ces demoiselles sont orgueilleuses. L'égoïste ne vit que pour lui.

176. Nous payâmes le postillon qui nous avait apporté une si heureuse nouvelle. Euphrosyne et Maximilien examinaient avec beaucoup d'attention.

CHAPITRE V.

RÉCAPITULATION GÉNÉRALE.

42me *Exercice.*

1. Soir et matin, élève ton âme à Dieu; il écoutera ta prière. André pleure : il ressent une grande douleur; il a mal à la poitrine.

2. Combien êtes-vous d'élèves en classe, Georges? — Madame, nous sommes une soixantaine à peu près. La petite Juliette a pris des raisins à la treille.

3. Mon frère a trouvé une montre d'or sur la route. Ajoute le nombre douze au nombre seize, tu auras vingt-huit.

4. Il ne faut pas que vous croyiez aux sorciers, jeunes gens : jamais il n'y a eu de sorciers. Ma tante eut l'intention de me faire entrer au collége.

5. La pauvre Augustine a trouvé sa sœur morte. Il importe de secourir l'orphelin qui n'a ni père ni mère.

6. On appelle Autrichiens les peuples de l'Autriche. Maximilien n'a pas su expliquer sa leçon. Dieu a existé de toute éternité.

7. Lévi a trouvé un champignon d'une blancheur admirable. Tu as un grand défaut, mon ami : tu n'es pas franc, tu parles toujours autrement que tu ne penses.

8. Enfants, quand vous entrez chez quelqu'un, découvrez-vous et saluez tout le monde. Le boulanger vient d'apporter dix-huit kilogrammes de pain.

9. A l'école, les malpropres, les bavards, les fainéants, les menteurs sont punis très-sévèrement. Leurs devoirs n'étaient pas terminés.

10. Ils rencontrèrent sur la route des mendiants qui demandaient l'aumône. Que faut-il faire quand on fait tort aux autres? Il faut s'en repentir et ne plus y revenir.

11. As-tu entendu le coup de pistolet? C'est une grave erreur que de croire que la terre reste immobile et que le soleil tourne.

12. La servante de monsieur le curé ne manque pas d'esprit. Cet animal se nourrit de l'herbe des champs.

43me *Exercice*.

13. Honore ton père et ta mère qui t'aiment si tendrement. Les hommes sont souvent malheureux par leur faute.

14. Enfants, ne faites jamais de mal aux autres, puisque vous ne voulez pas que les autres vous fassent de mal.

15. Nous sommes français : la France est notre chère patrie. Les prophètes annonçaient le Rédempteur huit siècles avant sa venue.

16. Les soldats de l'Empereur voulaient vaincre ou mourir. Entends-tu la voix plaintive du malade ?

17. Si Alexis avait mis de l'onguent sur sa plaie, il serait maintenant guéri. On appelle faon le petit d'une biche.

18. Lucien dit que le geai a un beau plumage. Monsieur le ministre a accédé à la demande du juge-de-paix.

19. Jeanne-d'Arc fut une femme célèbre qui vécut sous Charles sept, roi de France. Daniel aime les boudins et les grillons.

20. Alfred est un garçon haïssable, il se tient indécemment à l'église : il regarde de tous côtés, il remue sans-cesse, il rit quelquefois au lieu d'écouter avec recueillement les exhortations du pasteur.

21. La semaine prochaine il tombera de la grêle. Charles a pris une trentaine de carpes dans l'étang de la métairie.

22. Les bavards seront punis s'ils continuent de faire du bruit. Si tu veux avoir le prix, il faut que tu travailles avec ardeur.

23. Cette fille ne fait que causer : avez-vous jamais vu un babil pareil? François, prête-moi ton crayon pour rayer ma page.

24. Faire le bien, éviter le mal, craindre Dieu : voilà le moyen d'être toujours heureux. Viendras-tu chez nous mercredi. ?

44me *Exercice.*

25. Mettez le gentil chardonneret dans la belle cage. Sois économe afin d'avoir toujours de l'argent dans le gousset. Soyons discrets.

26. Efforçons-nous de plaire à Dieu, notre père, qui habite le ciel. Plaignez ceux qui vous maudissent plutôt que de vous venger.

27. Nous devons endurer avec patience les maux que Dieu nous envoie. Celui qui raconte un fait ne doit jamais l'exagérer, il doit dire exactement la vérité.

28. Pierre, pour avoir été impoli, a été exclus, c'est-à-dire chassé de l'école. Théophile et Lucien ont vu passer une bande de comédiens.

29. On a trouvé un couteau, à qui appartient-il? — C'est le mien, dit Julien. — Eh bien! si c'est le tien, on va te le rendre.

30. Le petit Adrien n'a que treize mois et il commence à balbutier. La nation française est au premier rang parmi les nations civilisées.

31. Aimons le pays qui nous a vus naître. Louise, va dans le jardin semer ce noyeau de cerise. Voici un brave citoyen.

32. Dis-moi si tu aimes les pastilles, petit gourmand? Voyez donc ce pauvre jeune homme qui marche avec une béquille. Le travail est la source de toute richesse.

33. Qu'il est beau pour une fille d'être modeste au lieu d'être orgueilleuse. On appelle wagon les voitures de transport qui roulent sur les chemins de fer.

34. L'eau des lacs est stagnante, c'est-à-dire qu'elle ne coule pas. Ce vieillard aux cheveux blancs est le mentor des jeunes gens de son village.

35. Berthe a dansé avec monsieur le directeur. Le monde est une scène où chacun joue son rôle.

36. On a pris au piége l'animal qui mangeait nos poules. Une guêpe a piqué Zélima au petit doigt. J'ai mal à l'œil.

LES CAS DE CERTAINES RÈGLES EN PRÉSENCE DES CAS D'EXCEPTION A CES RÈGLES.

45me *Exercice.*

37. La fille de l'i*ll*ustre chevalier. Il pleut à la vi*ll*e comme au vi*ll*age. Les anguilles se tiennent dans l'eau tranqui*ll*e.

38. On appelle quadrupèdes les animaux qui ont quatre pieds. Le triangle équilatéral. L'équipage du vaisseau.

39. La statue équestre d'Henri quatre. Résoudre une question difficile. L'ana*cho*rète du désert. La pierre d'achoppement.

40. Les conditions de l'échange. La voix de l'ar*ch*ange. La *ch*ronologie des rois de France. Les filets du pêcheur.

41. Le canton de Zuric*h* en Suisse. Auch, ville de France. Une plante regnicole. Des paroles ignobles.

42. Un blocus rigoureux. Un abu*s* pernicieux. Etre blessé par un éclat d'obus. Je n'aime pas les refu*s*.

43. Arriver au jour préfix. Une couple de perdri*x*. Recevoir un coup d'estoc dans l'estoma*c*.

44. Un pantalon de couti*l*. Le profil du bâtiment. Un fusi*l* désarmé. Faire rôtir sur le gril.

45. Le bombardement est commencé. Ils bombarde*nt* le fort. Les religieuses du couvent. Les poules ponde*nt*, puis couvent.

46. Ils vive*nt* longuement. Entendez-vous les hurlements des loups. Les loups hurle*nt* la nuit.

47. Les héros des temps anciens. Les longs hivers. Des haricots verts. Les historiens célèbres.

48. Les hiboux du clocher. Les mauvaises habitudes. Les prêtres de Vulcain. Les descendants de Caïn.

49. L'aiguillon de la guêpe. Aiguise ton couteau.

J'ai eu du guignon. La Guadalquivir, fleuve d'Espagne.

50. On le relégua dans le château. Un caractère indom*p*table. Notre divin rédempteur.

51. On a ba*p*tisé l'enfant. La corruption du genre humain. A la fin du com*p*te. L'éruption du volcan.

52. La culpabilité du conda*m*né. Gardez-vous de la calomnie. Il mourra innocent. Il pou*r*ra partir.

53. A*g*graver le mal. Une triste suggestion. Il est nommé capitaine. On em mènera le captif.

54. Etre a*c*cablé de fatigue. Eviter un accident. J'ai eu la rougeole. La science de l'écrivain. Le scapulaire du moine.

55. La façade du logis. Une légère embarcation. Les chevaux de l'ennemi hennissent. Il a pressenti son malheur.

56. Les foudres de Jupiter. Mange*r* du fruit amer. Noye*r* dans la mer. Brise*r* le fer.

57. Une lentille convexe. Exercer sa mémoire. Un grave inconvénient. Son puissant soutien.

58. Le facile expédient. Il soutient la juste cause. Le bastion est dans une excellente position.

59. Les stations navales. Nous sortions du port. Initier quelqu'un à un secret. Un bijoutier bien assorti.

60. Une complète inertie. Une partie de promenade. Je vous présente mes hommages. Un monosyllabe est un mot d'une syllabe.

61. Les verbes transitifs. Le pansement de la plaie

Nous payâmes nos places. La ville de Bayonne.

62. Julie travaille. Marie sommeille. Adam fut le premier homme. Isaac fut le fils d'Abraham.

63. Le maximum de densité. Le parfum des fleurs. Saul! Saul! pourquoi me persécutes-tu? Saül, premier roi des juifs.

64. Les loups mang*ent* gloutonnement. Les tortues march*ent* lentement. C'est en auto*m*ne que se font les vendanges.

65. On représente Bacc*h*us à cheval sur une barrique. Le chirurgien a voulu perce*r* le cancer.

HISTORIETTES.

GASPARD OU L'ENFANT POLI.

1. Le petit Gaspard se rendait de l'école; il était quatre heures. En passant près de M. Guérin, qui était dans la rue, il n'oublia pas de se découvrir.

2. Gaspard salua M. Guérin : « Bonsoir, Monsieur, » dit-il, en levant sa casquette.

3. M. Guérin, qui connaissait Gaspard, arrêta l'enfant, lui prit la main et lui dit : « Je te fais mon compliment, petit ami ; tu es poli ; j'aime beaucoup les enfants polis. »

4. « Dis-moi, Gaspard, as-tu été sage aujourd'hui ? » — Oui, Monsieur, répondit Gaspard ; j'ai eu trois bons points. »

5. — « Très-bien, très-bien, mon enfant; continue à te bien conduire, et étudie soigneusement pour apprendre. »

6. Plus loin, Gaspard rencontra Mme Raymond. Il salua Mme Raymond comme il avait salué M. Guérin : « Bonsoir, madame, » dit-il.

7. Mme Raymond aussi connaissait Gaspard. Elle lui demanda s'il y avait long-temps que la classe était terminée. « Non, madame, répondit poliment Gaspard ; il n'y a qu'un instant. »

8. Quand on répond à un monsieur, il faut, mes enfants, toujours dire : *Oui monsieur*, ou *Non monsieur*; il ne faut pas dire : *Oui* ou *Non* seulement.

9. Quand on répond à une dame, il faut toujours dire : *Oui madame*, ou *Non madame*; et jamais *Oui* ou *Non* tout court.

ERNESTINE LA MÉCHANTE.

1. Qui connaît Ernestine ?... La méchante enfant ! C'est un démon. Elle n'a que huit ans, elle a tous les défauts : Gourmandise, mensonge, espièglerie, vanité,

etc. Pauvres parents, ceux qui la possèdent! Qu'ils sont à plaindre!

2. Un jour, Ernestine était restée seule à la maison; son père était parti dès le matin pour la campagne, et sa mère s'était absentée pour un moment.

3. Madame Martin, tel était le nom de la mère d'Ernestine, avait contre son habitude laissé la clef au placard.

4. Ernestine ne manque pas le coup; elle ouvre le placard et attaque un pot de confiture. Elle prend la confiture avec les doigts; elle mange, elle mange à la hâte, puis referme le placard.

5. Sa mère rentre presqu'aussitôt. Elle voit la petite gourmande toute barbouillée, la figure et les mains.

6. « Qu'as-tu fait, petite méchante? dit-elle; tu t'es permis d'ouvrir le placard et tu as mangé de la confiture? » — « Non, maman. »

7. — « Que dis-tu, petite menteuse? tu en as la figure et les mains pleines. » — « Non, maman, je t'assure que je n'y ai pas touché. »

8. Madame Martin va au placard et s'aperçoit bientôt que toute la potée de confiture y avait passé.

9. « Tu seras punie, menteuse et gourmande, » dit-elle à Ernestine, en s'efforçant de prendre son sérieux. Mais, la pauvre mère! elle est si bonne, si faible, qu'un instant après elle eût tout oublié.

10. Un autre jour, Ernestine se trouvait seule dans

la cuisine; elle déjeûnait. Sa mère était dans la chambre, en haut, à faire le ménage.

11. Ernestine, après avoir fini sa soupe, eut l'idée de jouer avec la soupière. Elle place la soupière sur sa tête et se met à faire le tour de la table sans toucher à la soupière. Mais la soupière ne tarde pas à perdre son équilibre : elle tombe et se brise en mille morceaux.

12. Ernestine, qui venait de jouer avec la soupière, joua ensuite avec le mensonge. Elle appelle sa mère; madame Martin descend.

13. « Tu vois, maman, la soupière, dit la petite fille; c'est le chat qui l'a cassée. J'avais mangé ma soupe, j'avais laissé la soupière sur le bord de la table, le chat y est monté et il l'a fait tomber. »

14. — « Encore un mensouge, ma fille; c'est toi qui as cassé la soupière, le chat est en haut. » — « Non, maman, je te jure, c'est le chat. »

15. — « Misérable enfant! comme tu mens grossièrement! » continue madame Martin d'un ton plus ferme que d'ordinaire. « Cette fois, tu seras punie assurément; tu resteras enfermée dans la chambre, pendant deux heures, un livre à la main. Allons, mademoiselle, montez et hâtons-nous. »

16. La petite mauvaise! elle a beau voir sa mère en colère, elle ne la supplie pas; elle ne songe même pas à lui demander pardon. Elle monte, prend un livre et s'assied sans mot dire.

17. La mère, qui l'a suivie, ferme la porte et redescend.

18. Ernestine ne reste pas long-temps à sa place; elle s'approche du feu, remue les cendres, met tout sens dessus dessous dans la cheminée, dérange tout dans la chambre.

19. Puis, ne sachant plus que faire pour faire mal, elle prend à crier de toutes ses forces, disant : « *Je brûle! je brûle! à mon secours!* »

20. Madame Martin, qui travaillait dans la cuisine, entend ces cris; elle accourt, ouvre la porte et trouve la petite espiègle riant aux éclats. Elle blâme sa fille et retourne à son ouvrage.

21. Un quart d'heure s'écoule; Ernestine crie de nouveau : « *Maman! maman! je brûle! je brûle!* » La pauvre mère, dans toute incertitude, monte encore.

22. Même espièglerie. Cette fois, elle trouve Ernestine faisant semblant de lire. « Mon Dieu! quand est-ce donc que tu te corrigeras, ma pauvre enfant? lui dit-elle. Mais si tu recommences, je te préviens que ce soir tu auras du pain sec. »

23. Ernestine ne se met guère en peine de cette menace; rien ne lui fait, rien ne la touche; elle a un si mauvais cœur!...

24. C'est un vrai démon que cette Ernestine; elle ne connaît que le mal, elle ne sait faire que le mal. Mais tôt ou tard elle subira la peine de ses fautes. Dieu, dans

sa justice infinie, ne laissera pas impunis les mensonges, les espiègleries, les défauts de tous genres de cette méchante enfant ; il la châtiera sévèrement.

LES DEUX BRAVES PETITS GARÇONS.

1. Deux petits garçons, Jacques et Pierre, se rendaient de l'école. Devant eux, sur la route, se traînait, à l'aide d'un bâton et d'une béquille, un pauvre vieillard infirme, tout courbé.

2. Les deux enfants causaient, riaient et s'amusaient. Le vieillard, qui les entendit, voulut regarder derrière lui ; mais en se retournant, son bâton lui échappa.

3. Il essaya de le ramasser, mais en vain, car il était si vieux, si faible, si infirme, qu'il ne pouvait plus se baisser jusqu'à terre.

4. « Courons vite, dit Jacques, courons aider au bon vieillard, courons lui donner son bâton, sans lequel il ne peut aller plus loin. »

5. « Pauvre homme ! il a été jeune comme nous ; mais ses forces l'ont abandonné ; il a peut-être plus de quatre-vingt-dix ans. »

6. « Quand nous serons aussi âgés que lui, dis-moi, Pierre, nous ne serons pas aussi agiles que nous le sommes, et nous serons bien heureux que les jeunes gens nous viennent en aide, à notre tour. »

7. Les deux braves enfants courent de toutes leurs forces vers le vieillard : C'est Pierre qui arrive le premier. Il s'empresse de prendre le bâton et de le mettre dans la main du brave homme.

8. « *Merci*, dit le bon vieillard, en leur caressant la joue tour à tour de sa main sèche et tremblante, *mille fois merci, petits amis ; que le Seigneur vous bénisse et vous conserve !*

ERNESTINE LA MÉCHANTE.

1. L'autre jour, il est arrivé un grand malheur à Ernestine. Elle avait encore fait quelque sottise, et sa mère l'avait mise en pénitence dans la chambre.

2. Seule, Ernestine n'était pas restée long-temps en paix, et, selon sa bonne habitude, elle était allée jouer autour de la cheminée.

3. Ernestine, Cendrillon ressuscité, approche trop près des tisons ; le feu prend à sa robe et tout-à-coup sa robe flambe.

4. En un instant, les flammes atteignent les mains, la figure, tout le corps de la petite imprudente. Elle s'écrie : « *Au feu ! je brûle ! maman !* »

5. Sa mère était occupée dans la cuisine. Elle entend les cris ; elle pense que c'est encore une espièglerie, un mensonge, et elle ne se presse pas de monter.

6. Mais les cris d'Ernestine redoublent et deviennent déchirants ; or madame Martin quitte son ouvrage et accourt.

7. Quel horrible spectacle s'offre à elle! En pénétrant dans la chambre, elle voit sa fille tout en feu, qui se roule sur le plancher...

8. La malheureuse mère reste un instant immobile et défaillante ; mais, ayant repris ses sens, elle se précipite sur son enfant et parvient à étouffer le feu.

9. Elle appelle du secours; on arrive, on s'empresse; mais tout d'abord on croit Ernestine morte. Cependant elle n'est pas morte.

10. Après avoir donné à Ernestine tous les soins possibles, on finit par la rappeler à la vie. Elle est brûlée sur toute la surface du corps, la figure surtout.

11. Ernestine guérira sans doute; mais elle portera les marques du feu toute sa vie. Elle était belle, elle ne le savait que trop; maintenant elle sera laide, mais peut-être sera-t-elle meilleure, plus modeste et plus sage.

12. Enfants, reconnaissons le châtiment de Dieu dans cet accident. Dieu a été sévère; il a voulu que la méchante petite fille restât victime toute sa vie, victime de ses mensonges, de ses espiègleries.

13. Que chacun de vous, mes amis, se garde bien de mentir : *Le mensonge est un vice odieux*.

14. Les suites du mensonge sont presque toujours

funestes. Le menteur est détesté de tout le monde : *On ne croit pas à ce qu'il dit, quand même il dit vrai.*

SERAIS-TU CONTENT, SI L'ON PRENAIT CE QUI EST A TOI?

1. Eugène était un petit bonhomme de huit ans, qui allait à l'école chez l'instituteur du village. Un matin qu'il était arrivé de bonne heure en classe, il resta seul pendant quelques instants.

2. Seul, ne sachant trop que faire, Eugène s'avisa de fouiller dans la case de Ferdinand. Il avait tort, car un élève, dans une école, ne doit jamais se permettre de toucher aux affaires de ses camarades.

3. Ferdinand avait laissé sa toupie au fond de sa case, et Eugène ne manqua pas de l'y trouver. La toupie lui fit envie, au point qu'il résolut de s'en emparer.

4. Eugène se dit : « Je vais la mettre dans ma poche, sous mon mouchoir, et ce soir je l'emporterai. Je la montrerai à mes parents; je leur dirai que je l'ai trouvée sur la route, et que je ne sais à qui elle est. »

5. « Plus tard, je l'apporterai en classe pour m'amuser. Ferdinand ne pensera plus à sa toupie. Au surplus, je la défigurerai un peu, afin qu'il ne puisse pas la reconnaître. »

6. Le plan du vol qu'Eugène allait commettre, n'était pas trop mal combiné ; mais avant de l'accomplir, il réfléchit, et ses réflexions portèrent d'heureux fruits.

7. « Mais Ferdinand va venir, se dit Eugène; il voudra prendre sa toupie pour jouer et il ne la trouvera pas. »

8. « Alors Ferdinand demandera à l'un, à l'autre, s'il n'a point vu sa toupie : Pourrai-je dire sans rougir que je ne l'ai pas vue, moi, qui l'aurai dans ma poche?»

9. Eugène raisonna encore et finit par conclure qu'il ferait très-mal de prendre la toupie de son camarade.

10. « Car enfin, pensa-t-il, je suppose que la toupie soit à moi : serais-je content, si on me la prenait? Non sans doute, non vraiment; j'en voudrais au voleur, je le maudirais. »

11. « Je laisse donc la toupie de Ferdinand; la prendre serait un vol. Je ne veux prendre la toupie qui est à mon camarade, pas plus que je ne voudrais que mon camarade prît la toupie qui serait à moi. »

12. Eugène se garda bien de prendre la toupie, mes amis; il n'y toucha pas. Il avait eu le temps de la réflexion ; il raisonna et reconnut qu'il est abominable de s'emparer de ce qui est à autrui.

13. Eugène, en un mot, comprit que, puisqu'il ne voulait point qu'on prît ce qui était à lui, il ne devait pas prendre ce qui était aux autres.

14. Admirons la conduite du brave Eugène, mes

enfants. Je vous recommande d'agir, en pareille circonstance, comme il le fit.

15. Que chacun de vous, s'il est quelquefois tenté de s'emparer de ce qui appartient aux autres, se dise : *Serais-je content, si l'on prenait ce qui est à moi?*

16. Remarquons, d'un autre côté, l'énormité de la faute d'Eugène, s'il avait pris la toupie de Ferdinand. D'abord, il aurait commis un vol; ensuite, pour cacher ce vol, il lui aurait fallu faire mensonge sur mensonge, tromperie sur tromperie.

RÈGLES.

DANS QUEL CAS TELLE LETTRE EST NULLE; — DANS QUEL CAS TELLE LETTRE CHANGE DE VALEUR.

Les difficultés sérieuses de la lecture forment trois classes distinctes, *savoir :*

1re *classe* : Les difficultés que présentent les *sons* et *articulations bigrammes* (1).

2me *classe :* Les difficultés que présentent les lettres *nulles*, ces lettres qui, entrant dans la formation d'un mot, n'ont aucune valeur dans la prononciation, de sorte que le mot se lit comme si elles n'y étaient pas.

3me *classe* : Les difficultés si variées que présentent les lettres à *valeur exceptionnelle*, ces signes (sons comme articulations) qui, dans certains cas, ont abandonné leur valeur ordinaire pour prendre la valeur de tels autres signes.

(1) Il est sérieusement difficile à l'enfant d'apprendre ces sons et ces articulations, car les lettres qui représentent le son ou l'articulation ont chacune leur valeur, valeur que l'enfant connaît ; or, réunies ces lettres n'ont qu'une valeur unique, laquelle n'a en général aucun rapport avec la valeur particulière de l'une ou de l'autre : voilà précisément ce qui constitue la difficulté.

LETTRES NULLES.

§ 1.

1° Dans le mot *les*, *e* prend la valeur de *ê*, et *s* est nul : on prononce *lè*. Il en est de même pour tous les monosyllabes de ce genre : *des*, *mes*, *ses*, etc.

2° Dans *il est*, *e* prend la valeur de *ê*, et les deux articulations *s*, *t* sont nulles : on prononce *il ê*.

3° *et* se prononce *é* : *e* a la valeur de *é*, et *t* est nul.

4° Les articulations *s*, *x*, *t*, *d*, *c*, *g*, *p*, *b*,... sont généralement nulles à la fin des mots ; il n'y a qu'un petit nombre d'exceptions. Par exemple, les lettres finales des mots suivants sont nulles : *les paroles*, *nous partons*, *les chevaux*, *le prélat*, *un bavard*, *un champ*, *l'étang*, *du tabac*, *le plomb*.

5° *e* est toujours nul à la fin du mot, après un son ; ex. : *amie*, *proue*, *foie*, *fée*, *poupée*.

§ 2.

1° Les articulations *t*, *s*, consécutives, *ds*, *gs*, *ps*, *gts*, terminant le mot, sont généralement nulles ; ex. : *des gants*, *des fonds*, *les champs*, *les étangs*, *quatre-vingts*.

2° *es* terminant le mot, après un son, est toujours nul ; ex. : *des manies*, *les armées*, *les roues*, *les oies*. On prononce ces mots, comme si *es* n'y était pas : *des mani*, *les armé*, etc.

§ 3.

1° *nt* est nul à la fin de certains mots (des verbes, aux 3mes personnes plurielles où ces deux articulations sont précédées de *e*) (1); ex.: *ils parlent, les enfants tombent, ils chantèrent.* On prononce comme si *nt* n'y était pas : *ils parle, ils chantère,* etc. (*t* seulement est nul dans les autres mots terminés par *nt*; ex.: *parlement, clairement, ils sortiront*).

2° *ent* est nul à la fin du mot, après un son, (ce qui n'a lieu que dans les verbes, aux 3mes personnes plurielles de certains temps) ; ex.; *ils savaient, qu'ils voient, ils suppléent.*

§ 4.

Deux mots consécutifs, dont le premier se terminant par une *articulation*, et l'autre commençant par un *son*, doivent généralement être unis dans la lecture, si toutefois ils ne sont séparés par aucun signe de ponctuation ou qu'il ne doive être observé aucun repos entre eux. On fait la liaison des deux mots par l'*articulation* finale du premier et le *son* initial du second, en lisant absolument comme si les deux mots n'en formaient qu'un seul. Dans ce cas, il est bien entendu que l'articulation finale cesse d'être nulle si elle l'était.

1° Si le premier mot se termine par un *s* ou un *x*, le *s* ou le *x* agit comme un *z* sur le son initial du second; ex.: *trois amis, deux enfants;* on lit comme s'il y avait *troizamis, deuzenfants.*

2° Si le premier mot se termine par un *d*, le *d* agit ordinairement comme un *t* sur le son initial du second; ex.: *un grand arbre;* on lit comme s'il y avait *un grantarbre.*

(1) On comprend que, de quelque manière que ce soit, cette règle ne peut être formulée à des enfants qui apprennent à lire. Tout ce qu'on peut leur dire à ce sujet, c'est que *nt* est nul, toutes les fois que le mot terminé par *ent* est précédé de *ils* ou *elles* : mais de cette manière, on n'embrasse pas la totalité des cas.

5° Si le premier mot se termine par un *f*, le *f* agit ordinairement comme un *v* sur le son initial du second mot; ex.: *neuf ans;* on lit comme s'il y avait *neuvans.*

Lorsque l'articulation finale n'est pas nulle, la liaison se fait tout naturellement; ex : *un cheval égaré, courir au jardin.*

Il est à remarquer que toute liaison possible n'est pas permise; ex.: *un fusil armé, montrer le poing à quelqu'un;* ici, on ne dira pas *un fusilarmé, montrer le poingà quelqu'un.* La liaison ne se fait pas non plus dans certains autres cas qui ne peuvent guère être précisés, et que l'usage seul fait connaître.

§ 5.

h n'étant pas immédiatement précédée de *c* ou de *p*, est toujours nulle; ex.: *humeur, rhume, haricots, théâtre, cohorte.* On prononce ces mots comme si *h* n'y était pas.

Mais *h*, formant avec *c* l'articulation bigramme *ch*, ou avec *p* l'articulation bigramme *ph*, ne doit pas être considérée comme nulle, bien que, dans l'un et l'autre cas, elle ne produise par elle-même aucun effet dans la prononciation.

h jointe à *c* est quelquefois nulle (c'est-à-dire qu'elle ne forme pas toujours avec *c*, quoique y étant jointe, l'articulation bigramme *ch*) :

1° *h*, précédée de *c*, est nulle lorsqu'en même temps elle est suivie d'une articulation; ex.: *chronique, christ, chlore;* on prononce *cronique, crist, clore.*

2° *h*, précédée de *c*, quoique n'étant pas en même temps suivie d'une articulation, est nulle encore dans des cas qui ne peuvent être précisés, mais qui sont peu nombreux; ex.:

choléra, *archéologue*, *archange;* on prononce ces mots comme si *h* n'y était pas.

Remarquons que la lettre *h*, au commencement d'un mot, n'empêche la liaison de ce mot au mot précédent, terminé par une articulation, que lorsqu'elle est aspirée. (Elle est aspirée lorsque le son auquel elle est jointe doit se prononcer avec aspiration).

§ 6.

Dans les mots tels que *carosse*, *canne*, *appeler*, où il se trouve deux articulations pareilles de suite, la première de ces articulations est ordinairement nulle.

Cette règle présente quelques cas d'exception, ainsi :

1° Les *r*, par exemple, se font sentir l'une et l'autre dans *il mourra*, *je courrais*, *tu parcourras*.

2° Le premier *m*, le premier *c*, le premier *g* ne sont pas nuls dans *emmener*, *accident*, *suggérer*. (Il sera parlé plus loin des cas d'exception pour le *c* et pour le *g*, ces cas pouvant être précisés).

§ 7.

6° Les syllabes telles que *main*, *faim*, *pain*, se prononcent comme si *a* n'y était pas : *min*, *fim*, *pin*.

2° Les syllabes telles que *rein*, *pein*, *sein*, se prononcent comme si *e* n'y était pas : *rin*, *pin*, *sin*.

3° Les syllabes telles que *deau*, *veau*, *teau*, se prononcent comme si *e* n'y était pas : *dau*, *vau*, *tau*.

Ainsi *a*, précédant le son *in*, est nul ; *e*, précédant le son *in*, est nul ; *e*, précédant le son *au*, est nul ; et en général *e* s'annule devant un son quelconque.

§ 8.

u est presque toujours nul dans les syllabes telles que *gua*, *gué*, *gueur*, *gui*, où, précédé de *g*, il est suivi d'un son; on prononce ces syllabes comme si *u* n'y était pas, *g* conservant sa valeur ordinaire.

Exceptions :

1° La syllabe *gui* du mot *aiguille* fait exception à cette règle: ici *gui* est diphthongue (c'est-à-dire que *u* se fait sentir dans la prononciation de cette syllabe). Il en est de même pour les mots *aiguillon*, *aiguiser* et les dérivés: *u* n'est pas nul dans *gui*. Ce sont là à peu près les seules exceptions de ce genre.

2° Dans certains noms propres tels que *Guadiana*, *Guadalquivir*, la syllabe *gua* se prononce *goua* : *u* change de valeur, mais il n'est pas nul.

§ 9.

1° Dans le mot *monsieur*, *o* se prononce faiblement, *n* est nul, *r* est nul : on prononce *mo-sieu*.

2° *e* est nul dans les temps du verbe avoir, où il se trouve suivi de *u*; ex.: *j'eus*, *il eut*, *il a eu*, *nous eûmes*, *qu'ils eussent*; on prononce : *j'u*, *il u*, *nous ûmes*, *qu'ils ussent*.

3° *e* est généralement nul dans le corps du mot, après un son; ex.: *je prierai*, *dévouement*, *il suppléera*; on prononce ces mots comme si *e* n'y était pas.

4° *p* est quelquefois nul dans le corps du mot, suivi de *t*; ex.: *baptême*, *mécompte*; on prononce : *batême*, *mécomte*.

Exception à cette règle : *p*, suivi de *t* ayant la valeur de *s*, comme dans *acception*, *corruption*, *inscription*, n'est pas nul. Il y a d'autres exceptions.

(*h* précédée de *c*, nulle quelquefois, voir § 5).

5° Dans le mot *automne*, dans le mot *damner* et ses dérivés *damnation*, *condamné*, etc., *m* est nul.

6° *o* est nul dans *paon*, *Laon*, *faon ;* on prononce *pan*, *Lan*, *fan*. *a* est nul dans *taon ;* on prononce *ton*.

7° *c*, suivi de l'articulation bigramme *qu*, comme dans *acquérir* et ses dérivés, est nul ; on prononce *aquérir* comme si le *c* n'y était pas.

LETTRES A VALEUR EXCEPTIONNELLE.

§ 10.

g à la valeur de *j*, toutes les fois qu'il est suivi de l'un des sons *e*, *é*, *è*, *i*. Ainsi les syllabes *gé*, *gi*, *gen*, *geu* se prononcent *jé*, *ji*, *jen*, *jeu*.

REMARQUES :

1° Les syllabes telles que *gea*, *geo*, *geai*, se prononcent *ja*, *jo*, *jai* : *e* est nul, mais *g*, comme étant suivi de ce son, garde sa valeur exceptionnelle.

2° De deux *g* consécutifs, le premier n'est pas nul si le second prend sa valeur exceptionnelle, comme dans *suggérer*, *suggestion* ; on prononce comme s'il y avait *sug-jérer*, *sug-jestion*.

§ 11.

c a la valeur de *s*, toutes les fois qu'il est suivi de l'un des sons *e*, *é*, *è*, *i*. Ainsi les syllabes *cè*, *ci*, *ceu*, *cen* se prononcent : *sè*, *si*, *seu*, *sen*.

REMARQUES :

1° De deux *c* consécutifs, le premier n'est pas nul si le second est suivi de l'un des sons *e*, *è*, *i*, comme dans *accident*, *accès* :

dans ce cas, le premier conserve sa valeur ordinaire et le second prend sa valeur exceptionnelle; on prononce comme s'il y avait *ac-sident*, *ac-sès*.

2o Dans le cas de *s* et *c* consécutifs, comme dans *disciple*, *scène*, – *c*, ayant sa valeur exceptionnelle, – *s* devient nul, car alors le cas est le même que celui de deux *s* consécutifs : on prononce donc *disciple*, *scène*, comme s'il y avait *diciple*, *cène*.

Mais *s* ne saurait être nul dans *scapulaire*, par exemple, attendu qu'ici l'articulation *c* a sa valeur ordinaire.

3o Les syllabes telles que *cein*, *ceau* se prononcent *sin*, *sau* : *e* est nul, mais *c*, comme étant suivi de ce son, prend sa valeur exceptionnelle.

§ 12.

c cédillé (ayant une cédille) a la valeur de *s*. Ainsi les syllabes *ço*, *ça*, *çu*, *çons* se prononcent *so*, *sa*, *su*, *sons*.

§ 13.

e articulé, – *el*, *er*, *ex*, comme dans *Elbe*, *ermite*, *extra*, – a la valeur de *è* : on prononce *èl*, *èr*, *èx*. Conséquemment les syllabes formées du son *e* articulé, telles que *pel*, *ver*, *lec*, *tex*....., comme dans *appel*, *lecteur*, *vertu*, *texte*.....; se prononcent comme s'il y avait *è* au lieu de *e* : *pèl*, *vèr*, *lèc*, *tèx*.

§ 14.

e a la valeur de *è*, lorsqu'il est suivi d'une articulation composée. Ainsi les mots *geste*, *esprit*, *escadre*, *trimestre*, se prononcent comme s'il y avait *gè-ste*, *è-sprit*, *è-scadre*, *trimè-stre*. Dans ces mots, étant suivi des articulations composées *st*, *spr*, *sc*, *str*, *e* prend la valeur de *è*.

Du reste, on peut dire, règle générale, que *e* prend la valeur de *è* toutes les fois qu'il est suivi au moins de deux articulations consécutives, identiques ou non; ex.: *belle, serpe, veste, violette, séquestre.*

§ 15.

e, suivi de deux articulations identiques, a la valeur de *è* (d'après ce qui a été dit au paragraphe précédent), et la première de ces deux articulations est nulle (d'après le paragraphe 12); ex.: *belle, mienne, Dieppe*; on lit comme s'il y avait *bèle, miène, Dièpe.*

Cette régle présente quelques cas d'exception qui seront mentionnés au paragraphe 25.

§ 16.

Dans les mots terminés par *et*, comme *bouquet*, *poulet*, *crochet*, *furet*, les syllabes finales *quet*, *let*, *chet*, *ret*, se prononcent *què*, *lè*, *chè*, *rè*: *e* prend la valeur de *è*, et *t* est nul.

Ainsi *e*, suivi de *t* à la fin du mot, a la valeur de *è*, et *t* est nul.

§ 17.

Dans les mots terminés par *ez*, comme *tenez*, *entrez*, *manquez*, *veniez*, les syllabes finales *nez*, *trez*, *quez*, *niez* se lisent comme s'il y avait *né*, *tré*, *qué*, *nié* : *e* prend la valeur de *é*, et *z* est nul.

Ainsi *e*, suivi de *z* à la fin du mot, a la valeur de *é*, et *z* est nul.

§ 18.

Dans les mots terminés par *er*, comme *parler*, *marcher*, *prunier*, *berger*, les syllabes finales *ler*, *cher*, *nier*, *ger* se lisent comme s'il y avait *lé*, *ché*, *nié*, *gé* : *e* prend la valeur de *é*, et *r* est nul.

Ainsi *e*, suivi de *r* à la fin du mot, a la valeur de *é*, et *r* est nul. Cette règle est presque générale : n'y font exception que les monosyllabes *mer*, *ver*, *cher*, *fer*, et quelques autres mots très-rares, *amer*, par exemple.

REMARQUE :

Les articulations *t*, *z*, *r* ne sont nulles à la fin des mots, après le son *e*, que lorsqu'il ne peut ou ne doit y avoir de liaison entre les mots terminés par *et*, *ez*, *er* et le mot suivant ; quand la liaison doit se faire, ces articulations cessent d'être nulles (comme il a été dit au paragraphe 4).

§ 19.

e, suivi de *x*, a la valeur de *è* ou *é*; ex. : *complexe*, *exiger*, *Alexandre*, *excentrique*, *exhorter*.

REMARQUE :

L'articulation *x*, dont la valeur ordinaire équivaut à une articulation composée *cs*, prend quelquefois la valeur d'une autre articulation composée *gz*.

x prend sa valeur exceptionnelle (c'est-à-dire se prononce *gz*), toutes les fois que, précédé de *e*, au commencement du mot, il est suivi d'un son quelconque ou de la lettre *h* ; ex.: *exiger*, *exaucer*, *exhorter* ; on prononce ces mots comme s'i y avait *é-gziger*, *é-gzaucer*, *é-gzhorter*.

Cette régle ne semble pas s'étendre au même cas, se présentant dans l'intérieur du mot. Ainsi *Alexandre, Alexis* se lisent comme s'il y avait *Alé-csandre*, *Alé-csis*, et non *Alé-gzandre, Alé-gzis.*

Dans les mots tels que *exciter*, *excentrique*, *excédant*, où *x* se trouve suivi de *c* ayant la valeur de *s*, *c* est nul et *x* conserve sa valeur ordinaire : on lit ces mots comme s'il y avait *é-xiter*, *é-xentrique*, *é-xédant*.

§ 20.

Le son composé *ien* se prononce généralement *i-in*, et conséquemment les diphthongues telles que *bien*, *cien*, *mien*, *vient* se lisent comme si, au lieu de *e*, il y avait *i* : *bi-in, ci-in, mi-in*, *vi-int*.

On peut donc dire, régle générale, que *en* prend la valeur de *in*, toutes les fois qu'il est précédé de *i* (et même de *é*, ex.: *vendéen*, *européen*. (Il n'y a que quelques rares exceptions à cette régle, par exemple : *inconvénient*, *expédient*.

§ 21.

t, suivi de *i*, prend quelquefois la valeur de *s*; ex.: *nation*, *partial, capétien, prophétie, nationale, partiel*; on prononce ces mots, comme s'il y avait *s* au lieu de *t*, *na-sion, par-sial, capé-sien, prophé-sie, na-sionale, par-siel.*

Remarques :

1° Les diphthongues finales *tiel, tial,* se prononcent *siel, sial* (excepté cependant dans *bestial*).

2° *tion* se prononce *sion*, dans la presque totalité des substantifs terminés par cette diphthongue. Il n'y a d'exception que pour les substantifs en *stion* (c'est-à-dire pour ceux où *s*, précédant *t*, forme avec cette lettre l'articulation composée *st*); dans ce cas, *t* conserve sa valeur ordinaire; ex.: *combustion*, *congestion*, *digestion*, *bastion*.

3° *t* conserve sa valeur ordinaire dans *tions*, aux premières personnes plurielles des verbes terminés par cette diphthongue; ex.: *nous partions*, *nous achetions*.

§ 22.

s prend la valeur de *z*, dans le corps du mot, toutes les fois qu'il se trouve entre deux sons monogrammes (deux voyelles simples), ex.: *rose*, *cerisier*, *raisin*, *rasoir*; on prononce ces mots comme si, au lieu de *s*, il y avait *z* : *roze*, *cerizier*, etc.

Cette règle souffre quelques exceptions assez rares.

§ 23.

y entre deux voyelles a toujours la valeur de deux *i*, le premier *i* formant le plus souvent un son bigramme avec la voyelle qui précède, le second formant un son composé avec le son simple qui suit; ex.: *payant*, *j'essayai*, *vous voyez*, *moyen*; on prononce ces mots comme s'il y avait *pai-iant*, *j'essai-iai*, *vous voi-iez*, *moi-ien*.

Il résulte de cette règle que, lorsque des deux voyelles entre lesquelles *y* se trouve, la seconde est *i* (ce qui a lieu dans les verbes terminés au participe présent par *yant*, à la 1re et à la 2me personne plurielle de certains temps), on prononce comme s'il y avait trois *i* de suite; ex.: *voyions*, *payiez*; on prononce comme s'il y avait *voi-i-ions*, *pai-i-iez*.

Remarque :

y, quoique n'étant pas entre deux voyelles, a la valeur de deux *i* dans le mot *pays* et ses dérivés *paysan*, *paysage*, etc.

§ 24.

1° *i* précédé du son *e* ou d'une articulation, et en même temps suivi d'un double *l (ll)*, doit être considéré comme servant deux fois : – précédé de la lettre *e*, il forme avec cette lettre le son bigramme *ei* ; – précédé d'une articulation, il forme avec cette articulation une syllabe ; et, dans l'un et l'autre cas, joint en même temps au double *l (ll)*, il complète l'articulation bigramme *ill*. Autrement dit, les mots tels que *abeille*, *bouteille*, *béquille*, *pillage* se lisent comme s'il y avait *abei-ille*, *boutei-ille*, *béqui-ille*, *pi-illage*.

Cette règle a quelques exceptions, mais très-rares : le mot *ville* et ses dérivés en offrent deux ou trois.

2° Les syllabes finales, formées par le son *ail*, *euil*, *eil*, telles que *vail*, *reuil*, *meil* ; se prononcent comme s'il y avait *va-ill*, *reu-ill*, *mei-ill*.

Dans les deux premières syllabes, *il*, partie de l'articulation *ill*, se complète dans la prononciation ; dans la troisième, *i* peut être considéré comme servant deux fois : d'abord se joignant à *e*, il forme avec cette lettre le son *ei*, puis se joignant à *l*, il forme *il*, partie de l'articulation *ill*, qui se complète dans la prononciation ; ou bien on peut considérer que *i* sert seulement à former le son *ei*, et que *l* final est mouillé.

3° Dans les mots *grésil*, *babil*, *avril*, *péril*, *mil*, l'articulation *l* est mouillée : on doit la considérer comme ayant seule la valeur de *ill*, et lire ces mots comme s'il y avait *grési-ill*, *babi-ill*, etc. Ce sont là à peu près les seuls mots où *l* final soit mouillé.

Dans les autres mots terminés par *il*, *l* est nul dans quelques-uns, et il se fait sentir (ayant sa valeur ordinaire) dans les autres.

§ 25.

1° Les syllabes finales *gueil*, *cueil* (dans *orgueil*, *accueil*) se prononcent comme s'il y avait *gueu-ill*, *queu-ill*. De même les syllabes *guei*, *cuei*, dans le corps du mot (*orgueilleux*, *recueillir*); se prononcent comme s'il y avait *gueu*, *queu*.

2° *e*, suivi de deux *m* consécutifs, dans le corps du mot, a la valeur de *a*; ex.: *femme*, *prudemment*; on lit comme s'il y avait *famme*, *prudamment*.

3° *e*, suivi d'un double *n*, a la valeur de *a* dans *hennir*, *solennel* et leurs dérivés.

4° *x* a la valeur de *ç* dans *soixante*, *Bruxelles*, *Auxerre* et leurs dérivés : on lit comme s'il y avait *soiçante*, *Bruçelles*, *Auçerre*.

5° *x* a la valeur de *z* dans *sixième*, *dixième* et leurs dérivés: on lit comme s'il y avait *sizième*, *dizième*.

6° Le tréma (deux points) sur une voyelle indique que cette voyelle ne forme pas son bigramme avec la voyelle qui précède, et que, par conséquent, les deux voyelles doivent être prononcées séparément; ex.: *égoïste*, *stoïque*, *Saül*; on lit comme s'il y avait *égo-iste*, *sto-ique*, *Sa-ul*.

Le tréma sur l'*e* précédé de *gu*, à la fin du mot, comme dans *ciguë*, *contiguë*, *aiguë*, indique que l'*u* n'est pas nul (nous avons vu que *u* est d'ordinaire nul entre l'articulation *g* et un son).

7° La syllabe *qua* se prononce *coua*, dans des cas que l'on ne peut préciser, par exemple, dans *quadrilatère*, *quatuor*, *équateur* : on lit comme s'il y avait *couadrilatère*, *couatuor*, etc.

8° Les syllabes finales formées par le son *um*, telles que *bum*, *tum*, *mum*, comme dans *album*, *factotum*, *maximum*, se lisent comme s'il y avait *bome*, *tome*, *mome*, *e* étant muet. Ainsi, le son *um*, à la fin du mot, a la valeur du son *o*, articulé par *m* (*om*).

9° Dans certains mots, tels que *stagnant*, *gnostiques*, *ignition*, les deux articulations *g*, *n* forment une articulation composée et non une articulation bigramme : la valeur particulière de chacune se fait sentir, et on lit comme s'il y avait *stag-nant*, *gue-nostique*, *ig-nition*.

10° Double *v* (*w*), au commencement du mot, a la valeur du son *ou* prononcé faiblement, dans des cas qui ne peuvent être précisés. Ainsi, *wigt*, *wagon* par exemple, se lisent comme s'il y avait *ouigt*, *ouagon*, tandis que *Wéner*, *Westphalie*, se lisent comme si le *v* était simple.

11° *c* a la valeur de *g* dans *second* et ses dérivés *secondaire*, *seconder* : on lit comme s'il y avait *segond*, *segondaire*, etc.

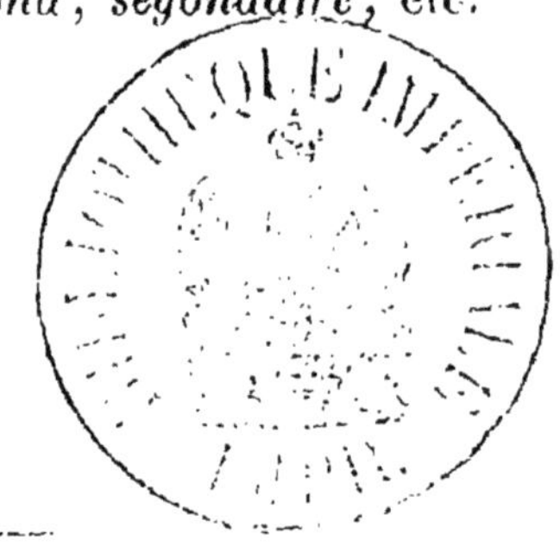

OUVRAGE DU MÊME AUTEUR :

SYSTÈME MÉTRIQUE

DES ENFANTS.

St-Maixent, Imp. de Reversé.

www.ingramcontent.com/pod-product-compliance
Ingram Content Group UK Ltd.
Pitfield, Milton Keynes, MK11 3LW, UK
UKHW022113190726
13855UKWH00002B/832

9 782013 091626